北京大学 政府和社会资本合作（PPP）研究中心
PEKING UNIVERSITY PUBLIC-PRIVATE PARTNERSHIP RESEARCH CENTER

Insurance Funding in Support of PPP
A Theoretical and Empirical Study

保险资金支持PPP发展路径研究

理论与实证

孙祁祥　完颜瑞云　著

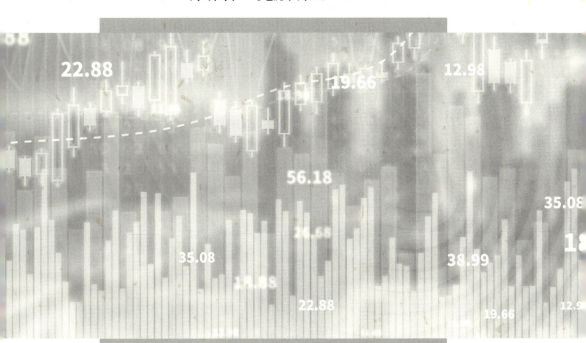

中国财经出版传媒集团
经济科学出版社
Economic Science Press

总　序

　　作为政府与社会资本共同承担公共事务的制度创新，PPP 并非现代经济的一个形态，而是一个具有深厚历史底蕴与时代印记的产物，它所遵循和反映的是政府与市场关系的经济逻辑和国家治理模式不断演进的社会规律。自中世纪法国最早出现特许经营业务至今，PPP 经历了数个世纪的演进。20 世纪 90 年代以来，伴随着以 PFI 为标志的现代 PPP 模式在英国出现，PPP 仅用了数十年的时间就席卷全球，成为世界各国争相实践并不断推广的重要公共服务模式。

　　从中国来看，新中国成立至改革开放初期，国家计划统筹是按照计划经济原则运行的中国经济建设的基本制度模式，罕有公共部门与私人部门的合作项目。始于 1978 年的改革开放，从某种意义上来说，也开启了政府与社会（私人）资本合作的序章。从 80 年代至今，我国 PPP 的发展先后经历了理论探索期（80 年代中期至 1993 年）、试点期（1994～2002 年）、推广期（2003～2008 年）、波动期（2009～2013 年）和快速成长期（2014年至今）。在这一过程中，两个重要的历史时刻值得铭记：一是 2002 年党的十六届三中全会通过的《关于完善社会主义市场经济体制若干问题的决定》首次明确指出，允许非公有资本进入法律法规未禁入的基础设施、公用事业及其他行业和领域；二是党的十八大提出"市场在资源配置过程中起决定性作用"的论断，为 PPP 在发挥市场主体作用、转变政府职能、建设现代财政体制、促进国家治理现代化等方面提供了重要理论依据，我国的 PPP 也由此迅速发展起来。2014 年以来，经过短短 6 年的时间，中国PPP 市场已经成为全球规模最大的市场。全国 PPP 综合信息平台中的数据显示，截至 2020 年 7 月，全国累计入库项目 9 668 个，投资额 15 万亿元；

累计落地项目6 626个，投资额10.4万亿元，落地率68%；累计开工项目3 964个，投资额5.9万亿元，开工率达59.8%。

纵观当今全球主要国家的PPP发展历程我们可以发现，无论是发达国家还是发展中国家，各国在运用和发展PPP的动因上均表现出了高度的趋同性。可以说，填补公共财政支出的财力缺口、寻求高效率与专业性的公共服务、深化市场化改革和提高国家治理能力的现代化水平，成为各国推广应用PPP的重要动因，中国也不例外。而正是经济社会发展对基础设施和公共物品提出的越来越高的要求，以及现代金融技术和管理的发展所提供的有力支撑，使得政府与社会资本相结合日益彰显出其经济合理性。PPP的生命力就在于，它将政府部门所追求的公平目标和社会（私营）部门所追求的效率目标，通过风险共担和利益共享机制有效地结合了起来。只要机制设计得当，政府与社会资本就可以形成良好的互补关系，使政府在宏观调控、资源的运用能力、公共服务的监督管理经验等方面所具有的优势和社会资本在技术、管理、运营等方面所具有的优势实现叠加，由此有效激活市场潜力，提升政府管理效能，提高公共产品和服务的供给质量，实现公平与效率的统一。

经过40余年的改革开放，特别是党的十八大以来，中国在治理体系和治理能力现代化上取得了长足进步，但仍有许多改进和提升的空间。2020年10月召开的党的十九届五中全会提出了到2035年必须实现的社会主义现代化远景目标，其中之一就是"基本实现国家治理体系和治理能力现代化"。全会特别提出，要处理好继承和创新的关系，做好"两个一百年"奋斗目标有机衔接；处理好政府和市场的关系，更好发挥我国的制度优势，这些都体现了以习近平同志为核心的党中央高瞻远瞩的战略眼光和强烈的历史担当，对决胜全面建成小康社会、全面建设社会主义现代化国家，对巩固党的执政地位、确保党和国家长治久安，具有重大而深远的意义。目前，中国正经历着从高速增长转向高质量发展的重要时期，即将开启全面建设社会主义现代化国家的新征程。作为化解当前社会主要矛盾的重要机制，PPP在经历了快速推广和调整以后，也正在逐步进入规范发展期。正是在这样的背景下，北京大学PPP研究中心推出PPP系列丛书，希望通过基础理论研究、国际经验总结、政策环境分析、机制体制设计、治理效能提升、绩效模式改进等的探索，进一步促进 PPP 理论体系的完善。

由财政部与北京大学联合设立的北京大学政府和社会资本合作（PPP）研究中心自 2017 年 9 月正式成立以来，以"服务国家战略、推动北大双一流建设"为目标，秉持"国际视野、中国理念、学术高地、行业智囊"的宗旨，以 3P 的定位（platform——"政产学研联盟平台""创新理论研究平台""科研成果转化平台""专业人才培养平台""国际交流合作平台"；provider——提供 PPP 的基础理论、政策咨询、国际经验、中国案例；producer——促进政府与市场有效结合路径的理论探索；促进资源配置最佳方式的实践探索；促进中国经济可持续健康发展的不懈探索），来承担 3P（Public，Private Partnership——政府与社会资本合作）的使命，分别从宏观、中观、微观三个层面，对推动国家治理结构、完善机制体制建设、解决项目融资困境等方面做了大量的工作，在推动 PPP 理论研究和实践探索方面取得了长足的进展。截至目前，中心已经出版了一系列研究成果，包括《北京大学·中国 PPP 指数（中英双语）》《北京大学·中国市场蓝皮书》《PPP 模式支持脱贫减贫的探索（中英双语）》《全球 PPP 的历史沿革与发展——基于国际比较的视角》《保险资金支持政府和社会资本合作发展研究》《PPP 模式在产业新城建设中的效能研究——基于县域经济高质量发展的视角》等专著，获得了理论界和实践部门的高度认可。

2020 年是人类历史上极其特殊的一年，突如其来的新冠疫情叠加大国博弈、地缘政治冲突、自然灾害等经济、政治、社会各类风险事件，对世界各国都产生了巨大的影响和冲击。这次疫情实际上也是对各国治理体系和治理能力水准的一次大考。我相信，随着实践的发展，越来越规范的 PPP 必将在我国今后推进国家治理体系和治理能力现代化的进程中，在全面建设社会主义现代化国家新征程中，发挥越来越重要的作用。我希望北大 PPP 系列丛书能够为构建中国 PPP 理论体系，为 PPP 的健康有序发展，提供重要的理论基础。

是为序！

孙祁祥

2020 年 11 月 30 日于北京

前言

　　自 2014 年以来，PPP 作为一种新兴的公私合作模式被运用于我国基础设施项目中，目前已经成为政府稳定经济增长、解决基础设施瓶颈、缓解地方债务压力乃至对抗贫困的重要举措，中央及地方政府大力推动 PPP 项目在全国广泛开展，取得了良好的社会效益。据财政部统计数据显示，截至 2019 年末，全国累计 PPP 项目数 9 440 个，同比增长 9.1%，累计项目投资额 14.4 万亿元，同比增长 9.1%。但与此同时，我们也看到，我国 PPP 事业仍处于初级的探索阶段，项目的顺利开展还面临着许多难题，落地率较低是最直接的体现，截至 2019 年末，我国 PPP 项目落地率仅为 67.1%。影响落地率的因素是多方面的，融资难和融资贵无疑是主要原因之一。由此，扩充融资渠道成为 PPP 高质量发展所面临的一个重要问题。

　　与之相对应，近年来我国保险业资金规模迅速增长，保险资金运用规模也不断攀升。中国银保监会的统计数据显示，截至 2019 年末，保险资金运用余额达 18.53 万亿元，较年初增长 12.92%。由于保险资金一般具有长期性，保险公司已经成为我国资本市场不容忽视的优质机构投资者。然而，现阶段我国保险资金的运用收益却并不理想，2019 年总收益仅为 8 824.13 亿元，资金运用平均收益率 4.94%，与国际发达市场相比还有不小差距。投资渠道有限一直是我国保险资金收益率较低的主要原因之一，基于此，2016 年中国保监会发布了《保险资金间接投资基础设施项目管理办法》，扩充了保险资金运用渠道，保险资金可以间接参与 PPP 项目。之后，中国银保监会在相关政策中进一步明确，保险资金可以直接投资 PPP 项目，由此为保险资金参与 PPP 项目提供了强有力的政策支持。从资金性质来说，保险资金具有规模大、久期长、追求稳健收益、投资方式灵活、资本属性相对较强等特点，与 PPP 项目长期性的资金需求高度匹配，无疑是 PPP 项目的优质来源。

PPP 的顺利开展需要大量资金，保险资金也在寻求长期投资的渠道，这二者的结合似乎是水到渠成的，然而在现实中，保险资金参与 PPP 却存在许多尚未解决的问题。在这一背景下，开展保险资金助力 PPP 发展路径的研究，无疑具有重要的理论和现实意义。从理论的角度看：首先，通过这项研究，能够明确保险资金参与 PPP 项目的理论价值，对保险资金服务实体经济服务民生做出更高站位的指导；其次，能够指导保险资金运用和 PPP 项目建设两个学科的融合，推动跨学科研究的进一步开展。从现实的角度来说：首先，通过保险资金助力 PPP 发展具体路径的深入分析，能够让市场主体和监管者明确保险资金进入 PPP 领域的方式和具体执行方案，帮助其顺利开展相关工作；其次，能够为保险资金顺利进入 PPP 项目提供前瞻性和可行性的参考方案，帮助保险资金厘清思路，避免其在支持 PPP 项目发展过程中走弯路。

本书基于我国 PPP 项目融资难、融资贵的现状，揭示和探讨了保险资金在助力 PPP 项目方面所具备的天然优势和理论基础。从理论上来看，保险资金投资应是经济效益与社会效益并重的选择，这非常符合 PPP 项目的基本思想；从资金的特性来看，与银行、证券、信托、基金等其他金融行业相比，保险资金具有长期性、稳定性和安全性的特点，这与 PPP 项目对资金的需求高度契合；从政策来看，中国银保监会为推动 PPP 项目的融资创新，更好支持实体经济发展，连续多次出台相关文件，为保险资金助力 PPP 项目开展提供了强有力的政策支持。

保险资金参与 PPP 项目也具有较强的必要性和可行性。从必要性来看：一方面，PPP 项目融资难和融资贵，实为阻碍其顺利落地的主要原因之一，因此，亟须引入优质机构投资者，而保险资金和 PPP 项目对资金的需求高度契合，由此使得保险资金进入成为一种必然；另一方面，保险资金参与 PPP 项目既是其应对复杂市场环境的一个最佳选择，也是优化资产配置的需要，同时还是实现保险业社会属性服务实体经济的客观要求。从可行性来说：一是理论上有支撑，保险资金作为社会资本和政府合作，能够最大化资源的使用效率，降低社会成本；二是政策上有支持，不管是财政部还是银保监会，都从不同的方面鼓励保险资金积极参与 PPP 项目建设；三是环境上有保障，现阶段宏观经济政策为保险资金参与 PPP 项目提供了有利条件；四是实践中有参照，保险资金参与 PPP 项目已经积累了大量经验，现实中非常可行。

早在 2006 年，我国保险资金就已经开始尝试基础设施的投资，经过十余年的发展，目前已经积累了一些宝贵的经验。通过保险资金参与 PPP 项目的典型案例分析可以发现，现阶段保险资金参与 PPP 项目主要有间接和直接两种方式。间接方式一般是通过股权投资、设立普通合伙人（以下简称 GP）等方式间接控制 PPP 产业基金或引导基金，最终实现参与 PPP 项目的目的；直接投资则包括股权投资、债权投资、股权投资＋特许经营权等方式，保险资金直接投资 PPP 项目。这两种模式各具特色，保险公司一般根据自身实力和项目情况进行选择。本书也发现，在保险资金参与 PPP 项目的过程中，出现了很多不容忽视的问题，如法律制度不健全、政策不完善、风险管理能力较弱、风险较为突出等，这既需要保险公司练好"内功"、提升能力，更需要宏观政策的调整以及法律制度环境的改善。

作为舶来品，国际上保险资金支持 PPP 项目发展已经有了较为完善的路径，比如 PPP 模式起源国的英国模式、积极引入社会保险基金的加拿大模式和澳大利亚模式等。通过对英国模式的简单分析可知，在 PPP 项目的发展过程中，融资是重中之重，而扩大融资渠道是解决 PPP 项目融资问题最主要的方式。其中保险资金是非常合适的资金来源，通过对加拿大和澳大利亚模式的分析可知，加拿大和澳大利亚社保基金参与 PPP 项目的经验非常丰富，如加强政府政策引导完善顶层设计、完善资金进入和退出 PPP 项目的良性机制、采用柔性合同降低项目风险、加强对利益相关者的分析以完善 PPP 项目的激励机制、重视发挥经纪人的作用以降低 PPP 项目的风险等，无疑为我国保险资金参与 PPP 项目建设提供了良好的思路。

为验证保险资金支持 PPP 发展的详细路径，本书选择经济增长速度和家庭人均可支配收入作为被解释变量，作为 PPP 发展目标的代理变量，选择保险资金在 PPP 领域的投资额和保险在 PPP 领域的保障程度作为主要解释变量，从资金支持和风险保障两个维度用实证的方法验证保险资金支持 PPP 发展的具体情况。在其他变量的选择上，为考察 PPP 在经济发展和居民收入提升之间的关系，将 PPP 投资总额占 GDP（国内生产总值）的比重也作为重点考察因素。在数据来源上，选择财政部 PPP 中心项目管理库中 2015～2018 年且处于执行阶段的项目进行分析。回归结果表明，PPP 模式能够显著促进经济和收入水平的上涨，保险资金能够显著促进 PPP 模式目标的实现，资金支持方面的效能已经得到体现，但保险在 PPP 领域的保障程度这一指标并不显著，这表明保险资金的风险保障功能尚未得到有效发挥。这一结论证实了保险资金对 PPP 发展的支持情况，说明保险资金的进入对 PPP 项目的健康可持续发展具有显著的积极作用，相关部门应当加大保险资金参与 PPP 项目的政策支持力度，以促进我国基础设施建设的高质量发展，并将 PPP 项目建设作为我国经济新的增长点和居民收入水平提升的重要渠道。与此同时，也要推动保险业高质量发展，着力开发 PPP 项目相关的保险产品，确保保险资金还能在风险保障层面促进 PPP 项目发展。

基于上述分析，本书认为，为进一步推动保险资金助力 PPP 项目的顺利发展，必须做好以下工作。第一，推动中国保险业转型与高质量发展，有道是"打铁还需自身硬"，保险资金助力 PPP 项目发展的前提，是保险业自身的实力和能力得到提升，而推动保险业转型和高质量发展是当前形势下的最佳选择。第二，明确促进保险资金支持 PPP 发展的思路，即在明确 PPP 项目参与主体的前提下，保险公司要认清自己的定位，选择符合自身发展并契合项目需求的投资方案，并在项目开展和执行的过程中随时分析各方效益，及时防范化解可能存在的风险。第三，坚持保险资金支持 PPP 发展的四项基本原则：一是市场化运作同时秉持资金运用的原则；二是适当细分行业并选择重点投资领域的原则；三是发挥团队优势、合理选择投资方式的原则；四是综合考虑多种因素、筛选优质项目的原则。第四，在具体的风险管理策略中，要从顶层设计的角度健全风险管控措施，有效防范各类投资风险，保险公司要全程参与，加强项目监督力度，相关部门要完善相关的法律法规及操作标准，并适当调整信用评级方法。第五，完善保险资金支持 PPP 发展的政策环境，包括深化保险资金运用的市场化改革、加大政策等方面的支持、加强投资者权益的保护、完善国有保险公司项目投资绩效评估机制等几个方面。

目录

引　言

　　自 20 世纪 90 年代英国率先提出 PPP（Public-Private-Partnerships）模式①以来，PPP 被广泛应用到全球。中国于 20 世纪 90 年代中期引入 PPP 模式，应用于高速公路、水利等基础设施建设，后来运用到 2008 年北京奥运会场馆建设、科技创新项目投资等领域，PPP 模式目前已经成为政府稳定经济增长、解决基础设施瓶颈、缓解地方债务压力乃至对抗贫困的重要举措（龚强等，2019）。2013～2019 年，国务院及财政部、国家发展改革委等部门累计出台 100 余项政策法规，中央投入 1 800 亿元设立 PPP 引导基金，大力推动 PPP 项目发展，"推广政府和社会资本合作模式"也被正式写入"十三五"规划。

　　值得我们深思的是，从目前 PPP 的实际落地率来看，PPP 似乎并未得到社会资本的充分响应，社会资本参与度不足的局面与政府大力推广 PPP 形成"上热下冷"的反差。应当说，制约 PPP 的发展有各方面的因素，但 PPP 模式融资难、融资贵显然是其中一个非常重要的原因，由此严重影响了 PPP 项目的落地率与实施效率。据财政部统计数据显示，2014 年以来，财政部累计入库项目 9 440 个，总投资额 14.4 万亿元，涵盖能源交通等 19 个行业领域。而在这些 PPP 项目中，进入实质性执行阶段的项目数与签约金额分别为 6 330 个和 9.9 万亿元，分别只占总数的 67.06% 和 68.75%，实际落地率较为低下（截至 2019 年末）②，PPP 项目发展的困境由此可见一斑。

---

　　①　即政府和社会资本合作模式，是国际通行、国内倡导的基础设施投融资模式。该模式通过政府与社会资本的合作实现双方优势互补，提升了项目管理效率，减轻了地方政府债务负担，是对传统意义上完全由政府负责的社会服务体系的有益补充。

　　②　资料来源：财政部政府和社会资本合作中心（http://www.cpppc.org/）。

　　资本的天性是逐利的，并具有一定的短视特性，而 PPP 项目大多是涉及基础设施和公共服务的产品，通常具有规模大、期限长、收益率较低的特点。在这种背景下，排除法律、政策等门槛因素，一般社会资本鉴于风险和收益方面的考虑，进入 PPP 项目的意愿不甚强烈是情有可原的。因此，从某种程度上可以说，PPP 融资问题的困境有着一定的客观性。然而在资本市场上，我们可以看到有一种资金虽然也具有逐利的特性，但同时也具有规模大、期限长、追求稳定收益等特点，这就是保险资金，它与 PPP 项目的融资需求高度契合，在这种情况下，保险资金助力 PPP 发展的逻辑就显得格外清晰。

　　事实上，自 2007 年以来，保险资金就开始了对接实体经济、进行基础设施与不动产领域的投资，保险资金投资基础设施项目已历经十余年，积累了丰富的经验。到 2019 年，保险资金共投资基础设施（包括投资性房地产等）、不动产的债权和股权计划已达到 16 638. 65 亿元，占当年资金运用余额的 8. 98%，连续 12 年处于上升的阶段①。保险公司已经成为国家和地方基础设施和不动产领域的重要参与者，在经济建设中起到的作用愈发显著。2014 年 8 月，国务院发布《关于加快发展现代保险服务业的若干意见》（以下简称"新国十条"），在保险资产管理领域，持续鼓励金融机制、金融工具的推陈出新，从国家层面为保险资金助力基础设施建设指明了方向。与之相对应，2014 年地方债务改革，国家鼓励通过公私合营模式（PPP）进行公益类基础设施建设。2017 年 5 月 4 日，中国保监会发布《关于保险资金投资政府和社会资本合作项目有关事项的通知》（以下简称《通知》），鼓励保险资金进入国家重点支持的民生工程和基建工程，鼓励保险资金积极投资主体资质较高、风险可控的 PPP 项目。

　　然而，从现实来看，保险资金参与 PPP 项目的件数以及规模都还很小，尚处于初期探索阶段。截至 2016 年，保险资金投资 PPP 项目共计 21 个，计划投资额约 788 亿元（实际投资额约 708 亿元），而在所有已投资项目中，财政部和国家发展改革委入库项目仅有 2 个，其余均为类 PPP 项目②，

---

　　① 资料来源：中国银行保险监督管理委员会（www.cbirc.gov.cn/）。

　　② 资料来源：中国银行保险监督管理委员会（www.cbirc.gov.cn/），近年来保险资金投资 PPP 项目方面的统计数据缺失，故本书的数据截至 2016 年末。

最近几年保险资金支持 PPP 项目的热情也并不强烈。这说明，保险资金在助力 PPP 发展方面，还没有发挥其应有的作用。鉴于此，保险业如何发挥自身优势，更好地参与 PPP 模式创新、项目融资和风险管理，成为当前保险业急需研究和解决的问题。

本书的主要目的就在于全方位探讨保险资金支持 PPP 发展的重要意义及其有效路径，为保险资金参与 PPP 项目建设提供思路，以促进我国基础设施的高效建设和公共产品及服务的高质量提供。围绕这一目的，本书将从以下几个方面展开：第一，明确保险资金助力 PPP 发展的理论基础，从理论的角度深入分析保险资金和 PPP 项目资金的契合性；第二，选择具有典型代表意义的保险资金参与 PPP 项目的案例，探讨现实中保险资金参与 PPP 项目的方式与路径；第三，分析保险资金参与 PPP 项目的现状、问题及其成因；第四，总结分析国际上其他经济体保险资金参与 PPP 项目的经验和教训，寻求值得我国借鉴的有益经验；第五，基于现有的数据库以及统计分析方法，从实证的角度验证保险资金在支持 PPP 项目发展上的具体情况；第六，在明确前述问题的基础上，寻找当前情况下保险资金进入 PPP 项目的最佳路径。

本书采取规范研究法、理论研究法、实证研究法、文献研究法、案例研究法等多种研究方法，对保险资金支持 PPP 发展的路径进行了深入研究，所得到的结论真实可靠，弥补了保险资金支持 PPP 发展等相关领域的研究空白，具有一定的理论价值和现实意义。总的来看，本书至少在以下两个方面具有一定的创新性：一是首次用实证的方法验证保险资金对 PPP 项目建设的积极作用。本书第五章以财政部 PPP 中心项目管理库 2015 ~ 2018 年的数据为基准，构建统计回归模型，不但验证了保险资金对 PPP 项目的具体作用，还进一步探讨了保险业在保障 PPP 项目顺利开展的情况，这在学术界尚属首次，为后续相关研究将提供参考作用。二是全方位论证保险资金支持 PPP 发展的具体路径。通过理论层面的分析、现实问题的梳理、国际经验的探讨、详实数据的验证和具体案例的剖析，本书全面掌握和分析了保险资金支持 PPP 发展的历史、当下和未来所面临的情况，并在此基础上建构了保险资金支持 PPP 发展的具体路径，这对未来保险资金支持 PPP 项目发展具有较强的现实和理论意义。

保险资金支持 PPP 项目
发展的理论基础

→ **第一节**
保险资金支持 PPP 项目发展的内涵

保险资金是指保险集团（控股）公司、保险公司以本外币计价的资本金、公积金、未分配利润、各项准备金及其他资金①。本书中，保险资金是指上述保险机构能用以投资的"闲置"资金。根据瑞士再保险 *Sigma* 杂志统计，2018 年中国保险业规模超过日本，跃居世界第二，成为仅次于美国的世界第二大保险市场。与之相对应，中国保险资金运用余额与日俱增，从 2004 年的 1 077.86 亿元增长到 2019 年的 185 270.58 亿元，年均增长 40.93%②。其发展速度之快，积累实力之强，让国内外其他行业望尘莫及。

然而，中国保险资金快速扩张的过程并不是一帆风顺的，在不同时期经历过不同程度的波折。1995 年《中华人民共和国保险法》（以下简称《保险法》）出台之前，保险资金运用刚刚起步，分散在总公司、分公司和各级机构，投资业务简单粗放，人员参差不齐，投资领域没有限制，市场混乱无序，积累了大量不良资产。《保险法》出台之后，严格将保险资金

---

① 该定义来自 2010 年 7 月 30 日中国保险监督管理委员会发布的《保险资金运用管理暂行办法》。
② 资料来源于中国银保监会网站。

投资范围限定于银行存款、国债和金融债等领域，保险资金运用乱象得到扭转，安全性不断增强，但同时也带来投资渠道单一、投资能力低下、体制机制滞后等问题。2003 年 7 月，首家保险资产管理公司（人保资产管理有限公司）成立，标志着保险资金运用开启集中化、专业化运作。此后，股票、企业债、未上市股权、不动产等投资渠道陆续放开。2008 年，全球金融危机爆发，金融市场大幅波动，保险资金运用风险加大，监管部门实施一系列严格管控风险的监管措施。2012～2017 年，一方面我国金融市场创新发展提速；另一方面保险机构自主发展动力不足，市场竞争力较弱，投资收益率持续偏低。在此背景下，保险资金运用市场化改革启动，"放开前端、管住后端"，进一步拓宽投资范围和领域，把更多决策权、选择权和风险责任交给市场主体。在这一期间，行业规模快速增长，市场活力明显增强，但行业所面临的内外部风险形势也日趋复杂。2017 年之后，中国保险业深刻反思过去一个时期个别保险机构激进经营和激进投资等问题，坚决打击各种乱象，切实防范各类风险，及时弥补监管短板和风险漏洞。全行业深入贯彻落实全国第五次金融工作会议精神，紧紧围绕服务实体经济、防控金融风险和深化金融改革三项任务，不断加强和改进保险资金运用监管工作，以保证保险资金运用稳健而有序的发展。

2015 年以来，社会舆论、政府相关部门以及监管机构，普遍对包括保险业在内的中国金融体系"脱实向虚"、未能很好地服务实体经济展开了深刻反思。对整个保险业来说，"脱实向虚"不仅表现为对"风险保障"这一基本功能的偏离，以至于"保险不姓保"，在保险资金领域还表现为资产驱动负债模式兴盛、保险公司频繁举牌上市公司、短期高现价万能险产品超常规发展、保险资金开展多层嵌套/通道业务等现象的发酵而伴生的流动性风险、资产负债错配风险、声誉风险等的不断累积和叠加，最终导致保险资金成为中国不断攀升的金融风险链条上的一个关键环节。在这种背景下，不论是从防范化解金融风险的角度考虑，还是从促进保险资金做大做强的方面思考，如何推动保险资金摆脱"脱实向虚"，更好地服务实体经济，都是一个迫切而又重要的议题。而保险资金支持 PPP 项目的发展，就是推动保险资金"脱实向虚"、更好地服务实体经济的一个重要突破口。

我国将 PPP 模式引入社会资本参与公共基础设施领域，一方面是为了缓解地方政府投资支出压力，减轻地方政府债务压力；另一方面是意图通过引入高效率的社会资本方，提高社会基础设施的投资和建设运营效率，提高公共产品和服务的质量（聂辉华，2019）。从中国的现实来看，结合保险业的发展状况和保险资金的规模和功效，对比国际保险资金发展方向，"保险资金支持 PPP 发展"有着特定的含义。

一、保险资金支持 PPP 发展的前提必须是推动保险业高质量发展

近些年来，我国金融业增加值占 GDP 的比重逐年提高，从 2005 年的 4% 迅速攀升至 2015 年的 8.44%，其间个别年份超过 9%。2016～2019 年虽略有下降，但仍处于高位，甚至超过了金融市场高度发达的英国、美国等国家①。短时间内金融增加值快速攀升，并且金融业增速显著高于工业增速，意味着当前我国金融市场发展过度，并对实体经济发展产生了挤出或掠夺效应（见图 1-1）。最近两年来金融业增加值增速的放缓，和国家"去杠杆"的政策不无关系。正是在这一背景下，国家指引金融业服务实体经济，意在金融业适当收缩发展速度和规模，以适应实体经济的发展。然而，与其他金融部门相比，保险业的发展绝对不存在过度的情况。2019年，保险业总资产为 205 645 亿元，仅占当年银行业总资产（282.51 万亿元）的 7.28%，在金融市场中的话语权还很低；同年中国保险业保费收入为 3.8 万亿元，占 GDP 的比重仅为 4.22%，和欧美发达国家（英国、美国、日本三国同期水平分别为 10.61%、7.14% 和 8.86%）相比还有不小的差距②。在这种情况下，对银行业来说，总量已经不是问题，关键在于结构调整；而对保险业来说，不仅结构需要调整，总量也仍需提升。

---

① 据世界银行数据显示，2015 年，中国、美国、日本、英国四国的金融业增加值占 GDP 的比重分别为 8.4%、7.2%、4.4%、7.2%，中国已超过另外三国。据国家统计局数据显示，2016～2019 年，中国金融业增加值占 GDP 的比重分别为 8.03%、7.79%、7.68%、7.80%，并未有明显下降。

② 资料来源于 *Sigma* 杂志 2019 年第三期《世界保险业：重心继续东移》附录。

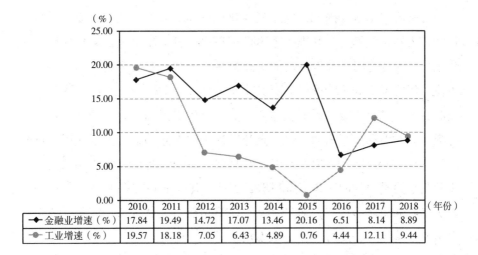

图 1 - 1　2010～2018 年金融业增加值与工业增加值增速对比

资料来源：国家统计局网站。

　　此外，在现阶段，保险业的保障功能还没有得到有效发挥。而 PPP 项目的有序运作，不但要求有充足的资金支持，还需要有相应的风险保障措施。鉴于此，保险资金支持 PPP 发展的前提条件之一就是必须大力推动保险业高质量发展，通过扩大而不是抑制保险业的规模，来寻求更大体量、更高质量的保险资金，使保险业在履行其制度责任的同时，更好地服务 PPP 项目。

二、保险支持 PPP 发展应以资金融通功能为核心，以风险保障功能为根基

　　保险的基本功能包括风险保障和资金融通两方面，并且这两个基本功能在一定情况下会相互交叉重叠和相互促进。例如，长期寿险保单特有的贷款功能，能够在很大程度上解决保单持有人的资金需求问题，同时，在保单存续期内还会为被保险人提供充足的风险保障；信用保险和保证保险等特殊险种在提供被保险人或投保人一定资金支持的同时，还能提供充分的风险排查服务，以增强消费者的风险管理能力。

　　PPP 项目的主要载体是基础设施建设，在推动项目运转的过程中，首

先需要解决的是资金问题，以保证在项目推动时有充足的资金支持，但仅仅资金支持是不够的，基础设施建设过程中还会面临资金流动性风险、工作人员的人身风险、建设标的的财产损失风险和自然灾害风险等，需要全方位的风险预警和风险处置。而保险作为特殊的金融行业，在支持 PPP 建设时，不仅可以有效发挥资金融通功能，提供适配的保险资金，还可以通过提供针对性保险产品的形式，充分发挥风险保障功能。鉴于我国基础设施建设这一行业经过长期的发展已经具备了较为完备的风险管理能力，而现阶段较为急迫的问题是资金短缺，因此，保险业在支持 PPP 建设时应当以资金融通功能为核心，辅之以风险保障功能，也就是说，充分发挥保险资金的独特优势，助力 PPP 健康发展。

三、保险资金支持 PPP 发展的方式多种多样

通常情况下，PPP 需要的资金体量大、期限长，既有资本融资需求，也有债务资金融资需求。在 PPP 全生命周期的不同时期，现金流的特点和风险收益也会有所不同，需要匹配不同性质的资金。有鉴于此，保险业需采取不同的方式进行投资。

保险资金参与 PPP 项目通常包括直接投资和间接投资两种。

直接投资指保险资金通过股权、债权或股债结合的方式介入。其中，保险资金以股权投资方式参与 PPP 项目的策略包括：一是与施工企业等社会资本方成立专项基金，由社会资本方提供增信；二是与地方政府或其指定主体成立 PPP 产业基金，或参与地方政府 PPP 引导基金；三是作为社会资本方以股权方式投资项目，该模式可以采用联合体投资和单独投资两种方式。从债权投资模式的角度看，出于安全性的考虑，保险资金倾向于进行固定收益类投资，而 PPP 项目具有较高比例的债务融资需求，通常债务融资可达项目总投资的 70% ~ 80%，因此，债权投资也是保险资金参与 PPP 项目的重要渠道，其模式包括向施工单位提供债权融资并由施工单位的母公司或第三方提供担保和向项目公司提供债权融资两种。目前作为最具有现实意义的股债结合模式是直接或通过基金以股权形式投资于项目资本金，同时向项目公司进行债券投资。

间接投资是指保险资金在 PPP 项目运营后期还通过购买二级市场相关金融产品间接参与。相比而言，间接投资往往在项目已进入稳定运营期后启动，基本可以避免建设期风险、进入平稳运营期，其模式通常包括对 PPP 运营主体发行的股票、公司债权或依据项目现金流收益发行的项目收益债券和资产证券化产品进行投资，还包括对 PPP 相关的股票债权投资组合进行的投资等（保险资金支持 PPP 项目的具体运作方式将在第三章进行详细介绍）。

四、保险资金支持 PPP 发展应既有助于促进国家基础设施建设健康发展，也有助于稳定金融市场

作为金融市场的重要参与者和资本市场上重要的机构投资者，保险公司的投资规模和流向都会对外界产生一定的影响。鉴于保险资金所具有体量大、久期长、追求稳健收益、投资方式灵活等方面的独特优势，其在支持 PPP 发展时将产生以下积极效应：一是有助于国家基础设施建设健康发展。这主要表现在两个方面：一方面，保险资金能够提供 PPP 项目正常运转所需的资金；另一方面，保险资金来源于保险业，具有充分的风险管理经验。通过这两方面的共同作用，保险资金在参与 PPP 项目建设时，不但提供了必需的资金，还带来了先进的风险管理经验。二是有助于稳定金融市场。理论和实践均表明，保险资金的正常运作有助于稳定金融市场、缓解系统性风险爆发的概率。保险资金支持 PPP 发展，从本质上来说，是保险公司根据现实的发展，将保险资金投到相应的基础设施建设项目，由此支持金融市场的发展和国家经济建设的需要。而通常来说，这种投资项目都是有政府背书的，这对保险资金来说是非常健康安全的一种投资方式。

五、保险资金支持 PPP 发展不能简单套用其他金融部门的模式

对不同的金融部门而言，由于各自的业务性质有所差别，支持 PPP 项目的内涵和方式也应当有所不同。比如金融市场中实力最为雄厚的商业银行，其在支持 PPP 发展时，就应当基于自身资金的特点选择恰当的方式，

引导信贷投向，并运用投行业务思维，为 PPP 提供全方位、全生命周期的金融服务。具体而言，商业银行支持 PPP 发展，包括传统信贷模式（最传统最主要的模式，通常以项目产生的现金流和政府可行性缺口补贴为主要还款来源）、资本金模式（商业银行在项目成立初期便提供资金支持，满足项目资本金的要求，具体包括理财对接产业基金、投贷联动中间业务模式、资产证券化和项目收益债模式等）、综合金融服务模式（充分发挥金融、会计、法律等多方面的专业优势，为 PPP 项目提供一揽子综合金融服务）等。然而，保险资金并不具备商业银行资金的基本属性，肯定无法采用诸如传统信贷模式等的方式，因此，保险资金支持 PPP 发展，不能简单套用其他金融部门的模式，要基于自身的特点和优势展开。

总的来说，保险资金支持 PPP 发展是一个系统工程，其内涵主要体现在五个方面：一是保险资金支持 PPP 发展的前提必然是保险业高质量发展，也即保险业首先需要"练好内功"，提升自己各方面的实力；二是在发挥自身能力支持 PPP 项目时，保险业应当以资金融通为核心，同时也应当发挥风险保障功能；三是保险资金可以选择直接或间接的方式；四是保险资金支持 PPP 必然有正面效果，既有助于国家基础设施建设，也有助于稳定金融市场；五是保险资金支持 PPP 发展应当以自身情况为出发点，不能简单套用其他金融领域的模式。

第二节
保险资金支持 PPP 项目发展的理论基础

保险资金参与 PPP 项目有着深厚的理论基础。从公共物品理论的角度来说，PPP 项目是公共物品的新型供给方式；从委托代理论的角度来说，PPP 项目开展过程中面临最为突出的问题是委托代理问题；从不完全契约理论的角度来说，保险资金参与 PPP 项目会出现道德风险和逆向选择的问题；从利益相关者理论的角度看，保险资金在参与 PPP 项目不能仅仅以自身利益最大化为目标，还需要考虑保险业自身社会价值的实现；从市场失灵理论角度看，PPP 项目的开展完全靠市场的力量存在很大阻力，需要政府和市场共同努力。

以下我们将分别从这五个相关理论的视角，仔细研判保险资金支持 PPP 发展的理论基础，探究其内在逻辑。

一、公共物品理论

根据社会公共物品理论，公共物品具有社会必需性、普遍服务义务性、自然垄断性、外部性和资产专用性等特征。在公共物品的运营过程中，政府和社会资本存在目标不一致的问题，由此产生了委托代理成本，社会资本可能出现道德风险问题，致使公共物品的质量无法得到保证。另外，公共物品的资产专用性使双方的目标函数偏离更大，加大了委托代理成本，而 PPP 可以通过契约、监督、激励、惩罚等方式来减少委托代理成本。

公共物品的资产专用性是指，在不牺牲其生产价值的前提下，某项资产能够被重新配置于其他替代用途或是被替代使用者重新调配使用的程度。理论上来说，资产专用性使资金提供方面临更大的风险敞口，这是因为，在约定期限内，资金提供方不能通过再投资获得收益，所以对资金和资产的期限匹配会提出更高的要求。由此可见，只有根据资产专用性的强弱选择不同的制度模式，才能提高公共物品契约的吸引力和稳固度，减少各主体的短期行为，从而保证公共物品的长期质量，实现社会福利的最大化。

公共物品的资产专用性表现形式相差较大，性质迥异。为找到与保险资金性质匹配度较高的公共物品，通常需要从物质资产专用性和人力资产专用性这两个角度对资产专用性进行考量。从物质资产专用性角度来看，全程全网型公共物品用途唯一，无法变更地域，转换成本非常高，对物质资产的占用性极强；而可单位计量型公共物品则与此相反，由于运营不需要特定的牌照、行业的竞争程度较高、无固定的地域限制、资产可以用作他用、转换成本总体较低，其对物质资产的占用性最弱。在全程全网型—全程不全网型—不可单位计量型—可单位计量型公共物品的转变中，物质资产专用性的程度逐渐降低，已投入资产可转换的空间加大，对契约的期限要求和收益保护程度的要求逐渐降低。

但从人力资产专用性的角度来看，可单位计量型公共物品需要相关行业和项目的专业知识辅助运营，对人力资产的占用性最强。在全程全网型—全程不全网型—不可单位计量型—可单位计量型公共物品的转变中，人力资产专用性的程度逐渐增强。人力资产专用性与契约期限长度的正相关程度较弱，与特定行业和项目的人力资产质量的正相关程度较强。

保险资金投资需要根据资产专用性的特征选择 PPP 项目，才能够减少短视行为，提供专业知识，减少委托代理成本，提高 PPP 标的基础设施的长期运行质量。

首先，当保险资金投资于全程全网型公共物品和全程不全网型公共物品的 PPP 项目时，保险资金的长期性有助于减少决策过程中的短视行为。保险资金期限相对较长，但缺少基础设施的设计、建设、维护的相关知识和经验。根据资产专用性原则，保险资金作为 PPP 项目中的资金提供方，符合全程全网型公共物品和全程不全网型公共物品对于物质资产专用性和人力资产专用性的要求，匹配程度较高。作为项目的股权投资者，保险资金并不会更偏好短期收益，机会主义倾向较少，关注基础设施长期运营情况，也能够提高建设、运营和维护的整体质量。

其次，当保险资金投资于可单位计量型公共物品的 PPP 项目时，应选择医疗、养老和健康行业的 PPP 项目，作为其战略投资者提供专业知识。虽然保险资金方缺乏相应的施工经验和专业知识，但保险资金可充分利用其在健康、医疗和养老领域的行业经验，作为战略投资者参与项目的运营，发挥专业特长，提供较强的人力资本，从而减少由资产专用性所带来的委托代理成本。

二、委托代理理论

委托代理关系产生于经营权与所有权二者分离导致的专业化分工，代理人在这一关系的某一方面中具有相对优势并因此获得代表委托人行使某些决定的权利，在同一关系中的二者可能具有不同的利益目标。委托代理理论的基础是非对称信息博弈论，是指委托人针对代理过程中的逆向选择及潜在的道德风险等进行监督管理，经过委托人和代理人的双方博弈减少潜在冲突，使得其最大目标达成一致，其中心任务是在信息不对称及利益冲突的环境下，为激励代理人而设计出最优契约。委托代理理论对于现代公司治理具有重大影响，是许多理论的逻辑起点。PPP 项目具有多层委托代理关系，通常表现为以下几个方面：第一，公众将项目的决策权委托给政府，由相关部门选定适合 PPP 模式的项目，对其进行投资决策的研究；第二，社会资本方与政府整体将投资项目的建设和运营委托给项目公司；第三，项目公司委托运营商、建筑单位等负责具体施工运营环节的专业事项。根据这一理论，保险资金在参与 PPP 项目时，尤其要注意委托代理问题，可以考虑通过运用时下较为流行的区块链技术、大数据技术、人工智能技术、移动互联网技术等实现信息的及时通畅，缓解委托代理问题。

三、不完全契约理论

罗纳德于 1973 年第一次提出"不完全契约"这一概念，指出人类的有限思维、交易成本的不可预测性和信息的局限性是导致契约不完全的主要原因。不完全契约理论是基于合约的不确定性而提出的，该理论认为，制定契约初期即明晰所有情况的成本较高，而完全契约又是不可能存在的，因此，主张在状态实现自然后再去管理敲竹杠、逆向选择等风险，通常以制度设计或机制安排来解决相关问题。在 PPP 项目中，社会资本方与政府以 PPP 项目合同为契约来规定全生命周期内双方不同的责任和义务，但由于 PPP 项目合作期限通常较长，在长达 10~30 年的时间内易产生较大的不确定性和过高的约定成本，同时，合作周期内相关参与者存在信息不对称和有限理性，因此，PPP 的相关合同往往体现出较为明显的不完全契约的性质，由此影响前期论证中的最优契约的实施效果，进而难以实现 PPP 项目预设的建设目标。这就要求保险资金在参与 PPP 项目的过程中，要充分考虑项目本身的不确定性，及时分析项目所隐藏的风险，在保障 PPP 项目顺利开展的同时，维护自身利益。

四、利益相关者理论

"利益相关者"是指在企业的稳固与发展过程中必不可少的要素集合，

如交易伙伴、存在间接关系的相关群体、自然环境等，他们在分担企业风险、承担部分经营活动、对企业进行约束等方面承担了不同的角色和责任，企业在经营管理过程中必须考虑相关各方的利益诉求，或者接受他们的监督制约。利益相关者理论是基于物质所有者的地位弱化而提出的，认为企业不应只服务于股东至上的传统主义，而应从整体利益的角度追求利益相关者的利益平衡，该理论影响了企业管理方式的选择，促进了企业公司治理的模式转变。PPP 项目参与方众多，有效做好各利益相关者间的利益协调、使其形成共同的项目目标和参与理念是项目预期成果顺利达成的重要保障。从保险资金的角度来看，在参与 PPP 项目时，不应当仅以收益最大化为目标，还应当考虑保险业自身社会价值的实现诉求。PPP 项目的标的一般都是关系国计民生的基础设施建设，惠及面非常广，保险业在参与时也要充分考虑到这一点，在坚持国家利益民众利益最大化的基础上，再寻求资金价值的实现。

五、市场失灵理论

市场在资源配置中的作用被又被称为"看不见的手"，市场在资源配置中主要通过供需关系、自由竞争和价格杠杆的自发作用实现资源的优化配置。市场在资源配置中具有高效率的特点，根据科斯第一定理，如果交易费用（交易成本）为零或小得可以忽略不计，市场机制可以把外部效应内部化，使资源得到最优配置。政府运用"看得见的手"，通过公共政策和行政指令对资源进行配置，同时，以行政强制的力量保证公平正义目标的实现。

市场和政府都具有缺陷，都可能失灵。导致市场失灵的原因主要有垄断性失灵、外部性失灵、公共物品失灵和不完全信息失灵。导致四种主要失灵的重要原因在于市场主体之间的能力不平等。在保险资金参与 PPP 项目的领域，这三种市场失灵都可能存在。（1）市场垄断。有能力和资格参与 PPP 项目的保险公司是极少数，需要大量的资金基础、精算能力、人才储备和风险控制能力，即使政府不设置准入门槛，在 PPP 领域也会形成寡头垄断的局面。商业保险机构在市场中的能力不平等，有能力进入 PPP 领域的保险机构只是保险市场中的极少数，最终造成市场垄断。（2）负外部性。PPP 项目相对一般基础设施建设来说，政府的参与度相对弱化，但主导性一直都在，在这种模式下，当 PPP 项目推动不力时，项目方找保险公司可能也解决不了问题，那就很可能将本应当属于保险资金方的责任压力推给政府，造成负外部性。（3）不完全信息。不完全信息主要分为两个方面，一方面是 PPP 项目的提供方对项目状况最清楚，在市场环境下可能利用信息不对称，隐瞒项目潜在风险；另一方面，保险公司对自身的资金情况较为了解，对资本的使用和规则较为熟悉，也可以在 PPP 项目合同中设置陷阱，引致政府方违约。

根据市场失灵理论，要实现政府和市场在资源配置中相互配合，克服市场和政府双失灵，就应该准确划定政府和市场在资源配置中的边界：一方面，发挥市场在资源配置中的主体地位，将适合市场机制管理的交给市场，实现资源配置的高效率；另一方面，充分发挥政府在资源整合和监管方面的优势，在市场机制失灵的领域，通过政府力量参与资源配置，确保保险资金参与 PPP 模式不违背追求社会公共利益最大化要求，有效化解风险，追求公平正义的目标。

➡️ 第三节
保险资金支持 PPP 项目发展的意义

保险资金参与 PPP 项目对保险公司、保险行业和国家都具有显著的现实意义。第一，保险资金参与 PPP 项目能帮助解决国家城镇化建设和基础设施建设项目的资金需求，为供给侧结构性改革发挥积极作用，有利于解决地方政府钱荒，使财政预算透明化，并有助于地方政府提升公共治理能力，促进职能转变；第二，保险资金能够满足 PPP 项目所需的资金特点和专业要求，参与 PPP 项目能显著优化险资资产负债匹配结构，缓解资产负债配置压力；第三，保险资金参与 PPP 项目能够促进保险业自身发展，在提升保险资金支持国家基础设施建设的力度和提升保险行业投资能力及风险管理能力贡献卓著。

一、保险资金参与 PPP 项目对各级政府具有积极意义

第一，缓解政府城镇化建设和基础设施建设项目的资金压力，助力其作为"出资人"能力的提升。城镇化建设和基础设施建设的投资需求带来巨量融资需求，而地方政府依赖的土地财政却难以为继，信贷刺激的老路也被证明遗患无穷。城镇化是本届政府在经济领域要打好的第一仗，据财政部测算，预计 2025 年城镇化率达到 70%，由此带来的投资需求约 42 万亿元。且从中短期来看，在地产投资和制造业投资持续萎靡的情况下，基础设施建设投资是稳增长的重要抓手，需要投入大量资金。之前地方政府财政收入的很大一部分来源于"卖地"。但人口红利将尽，地产大周期面临拐点，土地财政难以为继。调结构的目标和稳健货币政策的定调又堵住了信贷扩张的老路。在这一背景下，通过 PPP 可推动社会资本参与基础设施投资建设、缓解地方政府财政支出压力。而保险资金是 PPP 项目的重要资金来源，各级政府可以通过设置针对保险资金的 PPP 项目，缓解资金压力，推动新型城镇化建设和基础设施建设。

第二，为供给侧结构性改革发挥积极作用。当前，供给侧结构性改革已经进入到深水区，降低地方政府债务水平已经成为主攻方向之一，急需新方法和新思路，通过 PPP 模式提升民间资本参与度是已经被证明的有效途径。与此同时，为供给侧结构性改革大局服务，也是保险业改革创新的主攻方向。保险资金以 PPP 模式参与基础设施及公共事业项目，可以从消化过剩产能、降低政府债务杠杆、填补基础设施建设短板、提升公共服务质量、增进经济运行效率等多个维度落实供给侧改革的任务。另外，保险资金参与 PPP 项目，能够切实服务实体经济，优化社会管理方式，满足社会长远发展需求，创新公共服务模式，提升公共事业运营效率，促进经济社会可持续发展。

第三，有利于解决地方政府钱荒，使财政预算透明化。保险资金参与PPP 项目可以缓解地方政府债务压力，降低系统性风险，且与预算改革和地方债改革相得益彰，将隐性债务转变为显性债务，各级政府能做到"心中有数"。之前地方政府需要资金时一般使用融资平台模式，在这种模式

下，平台对融资成本不敏感，非常容易形成资金黑洞，进而推高无风险利率，对政府的信用产生不良影响。而在 PPP 模式下，会自发剥离政府信用，将隐形政府信用转化为企业信用或项目信用，有利于降低融资成本、拉长融资期限。地方政府承诺的财政补贴和税收优惠等将被纳入预算管理，符合预算改革提倡的公开透明化要求，中央政府能对地方政府债务做到心中有数。

第四，有助于地方政府提升公共治理能力，促进职能转变。保险资金参与 PPP 项目，不仅帮助政府完成向社会提供公共基础设施与服务职责并予以资金支持，还为政府部门带来了科学合理的管理经验，提升了政府的公共治理能力。政府主管部门还可以通过制定政策对项目施加影响，利用行政管理权力监管公共服务的提供。这样，政府可以从繁重的事务中脱身出来，从过去的基础设施公共服务的提供者变成一个监管者，有利于政府简政放权，职能转变，提高公共治理水平。

二、保险资金参与 PPP 项目是资产配置的需要

随着 PPP 项目在全国各地的加快实施，项目的融资问题和成本因素也日益突出。根据全国 PPP 综合信息平台项目库数据显示，截至 2019 年末，财政部累计入库项目 9 440 个，总投资额 14.4 万亿元。在涵盖能源交通等19 个行业领域的 PPP 项目中，由于投资规模大、期限长、项目公司主体信用不足等问题，进入实质性执行阶段的项目数与签约金额分别为 6 330 个和 9.9 万亿元，分别只占总体的 67.06% 和 68.75%，很多项目面临融资难、落地难的问题。而保险资金投资 PPP 项目是保险资产管理公司等专业管理机构作为受托人，发起设立基础设施投资计划，面向保险机构等合格投资者发行受益凭证募集资金，向与政府方签订 PPP 项目合同的项目公司提供融资，投资符合规定的 PPP 项目。整体来看，保险资金参与 PPP 项目对保险公司资金运用来说具有以下几个方面的重要意义。

一是缓解保险公司资产负债配置压力。保险资金自身的资金特性和PPP 项目的实质具有高度的契合性。保险资金具有投资期限长、供应稳定、资金量大、收益要求合理等特性，而大型基础设施类 PPP 项目资金需求

大、建设期限长，收益相对稳定。如果能在风险控制、交易结构设计、收益分配等方面做好平衡，则大型基础设施类 PPP 项目是保险资金很好的投资方向，特别是在当前"资产荒"的背景下，此类 PPP 项目无疑是保险资金运用的合适标的资产。

二是保险资金拥有满足 PPP 项目所需的资金特点和专业要求。PPP 项目多数为基础设施及公共服务项目，所需资金量大且周期长、复杂程度高，它不仅对社会资本的资金实力要求严格，同时也对操作团队的要求较高。保险资金作为资本市场上重要的机构投资者和期限最长的资金提供方之一，之前通过债权计划及股权计划的方式参与基础设施投资领域已经有十余年的历史，累计投资规模逾万亿元，培养了一大批专业投资人才，搭建起了与地方经济合作共赢的投资模式，积累了比较丰富的投资经验，可以较好地满足 PPP 项目所需的资金特点和专业要求。

三、积极参与 PPP 项目对保险行业发展具有重要意义

第一，有助于提升保险资金支持国家基础设施建设的力度。基于保险资金投资 PPP 项目的天然契合性，监管部门出台了一系列政策支持保险资金参与 PPP 项目投资。2016 年 7 月 3 日，中国保监会修订并颁布了《保险资金间接投资基础设施项目管理办法》（以下简称《管理办法》），该办法明确提出，险资可以投资 PPP 项目，在可投项目标的、项目增信等方面进一步放宽了保险资金投资 PPP 的条件，为保险资金加大 PPP 项目投资提供了政策支持。2017 年 5 月 4 日，《中国保监会关于保险业支持实体经济发展的指导意见》（以下简称《指导意见》）针对 PPP 项目公司融资特点，给予了充分的政策创新支持和操作路径指导。该文件指出，除债权、股权方式外，还可以采取股债结合等创新方式，投资一个或一组合格的 PPP 项目，满足 PPP 项目公司的融资需求；对监管标准进行了明确调整，取消了对作为特殊目的载体的 PPP 项目公司的主体资质、信用增级等方面的硬性要求，将其交给市场主体自主把握；通过建立绿色通道，优先鼓励符合国家"一带一路"建设、京津冀协同发展、长江经济带、脱贫攻坚和河北雄安新区等发展战略的 PPP 项目开展融资。总之，PPP 项目大多为大型基础

设施建设项目，保险资金参与 PPP 项目有助于加大险资对国家基础设施建设的支持力度，进一步发挥险资对我国经济建设保驾护航的作用。

第二，有利于提升保险行业的投资能力和风险管理能力。通过 PPP 模式参与基础设施和公共服务项目，有助于保险资金从注重合作伙伴向注重项目转型；从过去的单纯测算项目利差到真正考虑项目自身的审批、规划、设计、建设及运营等一系列风险。在参与 PPP 项目的过程中，保险公司在提供资金的同时，也能发挥自身在风险管理方面的优势，提供相应的保险产品，全方位接触大型基础设施建设全流程的风险处置方式方法，帮助保险行业自身实力的全面提升。

➡ 第四节
保险资金支持 PPP 发展的客观必然性

一、保险资金参与 PPP 项目的必要性

PPP 项目开展至今，固有的筹资渠道已经不能满足项目顺利开展的需要，尤其是项目持续时间过长，原有 PPP 项目中利用银行资管产品进行资本金融资的固有模式难度加大，亟须扩大融资渠道，保险资金在这种情况下应当有所作为。此外，当前经济持续低迷已经成为常态，保险资金急需寻找优质资金运用渠道，PPP 项目具有收益稳定、收益率可观、期限长的特点，必然成为保险资金追求的方向。同时，资产负债管理是当前保险资金运用的一项重要实践，险资参与 PPP 项目，可以缩小保险资产和负债匹配的久期缺口，降低流动性风险。最后，我国"脱实向虚"的现象急需改变，保险业尤其注重对服务实体经济的要求，PPP 项目成为保险业服务实体经济的必然出口。总体而言，保险资金支持 PPP 项目已经成为一种必然。

（一）PPP 项目亟须扩大融资渠道，保险资金和 PPP 项目天然契合

党中央明确要求，要确保投资力度和基础设施补短板力度。在这双重政策背景下，PPP 项目作为基础设施领域的创新投融资模式一直备受各级政府关注。然而，一方面，由于 PPP 项目的合作期限通常在 10 ~ 30 年期

间，且基础设施公共服务项目的投资体量大，担任 PPP 项目中社会资本角色的工程施工的企业或是产业投资企业等，均无力全部使用自有资金支撑规模如此巨大的长线投资。另一方面，随着 2018 年《关于规范金融机构资产管理业务的指导意见》（以下简称《资管新规》）的出台，限制了银行理财资金等短期限资金对长期股权投资的错配安排，因此，原有 PPP 项目中利用银行资管产品进行资本金融资的固有模式基本不再可行。在这一背景下，PPP 项目亟须扩大融资渠道，通过大量长期资金与之进行匹配。而保险资金规模大、久期长、追求稳健收益、投资方式灵活、资本属性相对较强的特点与 PPP 项目长期性的资金需求高度匹配（李心愉，2017；蒋鑫，2018 等），这一观点已经成为业内共识。

从实践的角度来看，与银行、证券、信托、基金等其他金融行业的资金相比，保险资金具有以下几个突出的特点：一是长期性。寿险公司保险资金的久期通常在 30 年以上，以养老保险为例，一个刚刚参加工作的年轻人，如果自 25 岁就开始购买养老保险，按月或年度缴纳保费，按照锁定规则，60 岁之前只能存钱而不能取出，这个时长达到 35 年。医疗保险同样如此。二是稳定性。由于保险的转换成本较高，投保人购买后一般不会再转换或取出。投保人稳定持有的基础是保险资金的投资收益率超过通货膨胀水平，投保人可通过保险资金实现资产的保值和增值，这属于投保人长期战略性投资。三是安全性。通常来说，中产阶级对资金安全的要求超过了其他金融产品，因此，他们是一个社会中购买商业保险的主要群体。统计数据表明，中国目前有 2.25 亿中产人群，预计到 2025 年将达到 5 亿，庞大的消费群体为保险资金的安全性提供了充足的保障。

从理论的角度来看，早在 1862 年，英国经济学家贝利（A. A. Bailey）就提出了保险业投资的五大原则，随后，英国精算师佩格勒（J. B. Pegler）于 1948 年对贝利的原则进行了修正，提出保险业投资必须遵循以下四大原则：即获得最高预期收益、投资尽量分散化、投资结构多样化以及投资应将经济效益和社会效用并重。其中的最后一个原则，对我国保险资金服务实体经济、开展另类投资具有深远的影响（尹卫，2015）。PPP 这一概念最早由英国保守党财政大臣罗曼·莱蒙特（Roman Learmount）于 1992 年提出，并首次创立了 PPP 的经典模式——私人部门融资计划（private finance initiative，PFI）。在西方 PPP 模式相对成熟的国家，相关学者如美国的萨瓦斯曾出版专著对民营化与公私部门的伙伴关系进行了系统论述，英国学者达霖·格里姆塞（1978）和澳大利亚学者莫文·刘易斯（1992）对基础设施供给和项目融资的具体问题均进行了深入研究，指出 PPP 项目资金必须具有长期性的特点，并且项目资金不能将经济效益作为唯一追求，而是应当承担一定的社会责任。阿里夫·阿西姆（Aref Aseem，2011）以美国、加拿大和芬兰为例，从实证的角度研究了 PPP 项目的信用风险及成因，并从融资的角度讨论了资金来源对 PPP 项目的深远影响。上述研究从理论的角度揭示了保险资金与 PPP 项目资金内在的高度契合性。

（二）保险资金参与 PPP 项目是应对复杂市场环境的必然选择

从宏观角度来看，全球经济持续低迷，复杂多变的政治局势和经济格局对金融体系带来了极大的不确定性；与此同时，我国的改革已进入攻坚阶段，近年来经济增速逐渐放缓，各类风险因素的不断积聚，加大了资本市场的波动。伴随着国内经济逐步进入"L"型的探底过程，市场利率在低位持续徘徊，各类资产的投资收益率下行，使得保险资金配置的难度逐步加大，优质资产成为稀缺资源，"资产荒"问题显现，进一步压低了保险行业整体的投资收益。这表现在：一方面，资金运用规模增速过快，投资收益波动显著。数据显示，2014～2018 年，保险资金运用余额不断上升，从 9.3 万亿元上升到 13.39 万亿元，同期的保险资金运用收益率分别达到 6.3% 和 5.66%，这说明近些年投资收益难以保持在较高水平；另一方面，由资产和负债的不协调所导致的利差损问题凸显。保险资金属于负债资金，保险资金运用余额的上升源于保费收入的上升，2014～2018 年保险行业原保费收入增长率达 20% 以上，呈逐年上涨趋势，尤其是寿险公司原保费收入增长拉高了行业整体水平。值得注意的是，随着资金运用规模的不断增长，资金成本高企，不少万能险结算利率加上佣金费用已远超过保险投资收益率，形成倒挂，致使保险资产端和负债端的收益率难以匹配，存在"利差损风险"。为解决上述问题，从资金运用角度可以综合考虑对资产配置的周期和种类做出调整，即充分利用保险资金（尤其是寿险资金）作为长期资金的优势，扩大投资范围，降低由于投资品种单一而导致的各类资产之间的相关性，以有效应对投资组合收益率的波动，继而减小形成"利差损风险"的可能性。由此来看，保险资金参与 PPP 项目不仅可以利用保险资金作为长期资金的优势实现多元化投资、丰富投资品种、拓宽投资渠道，还可以降低由单一市场价格对投资组合的影响，有助于提高投资收益。

（三）保险资金参与 PPP 项目是优化资产配置的需要

资产负债管理是当前保险资金运用的一项重要实践，保险资金运用应当与公司的负债、风险和偿付能力相匹配，在进行资产配置时，要充分考虑到负债的情况，使得资产的性质、期限和流动性能够满足保单到期支付的需要。另外，资产负债的匹配除满足总量匹配——即资金来源与资金运用总额匹配之外，更需要满足期限匹配，即资金运用的期限和收益要与负债资金的期限和成本匹配。如果无法实现资产负债相匹配，保险资金运用将产生风险。然而，当前中国保险行业的现状是，资产端和负债端的矛盾日益突出，保险资产配置难度持续加大。最突出的问题是保险资产端和负债端的久期不匹配，具体表现在以下两个方面：其一，市场上部分中小保险公司为在短期内做大规模，销售了大量期限短、回报高的理财产品，在资本市场不景气的环境下，将这部分短期资金投向期限长、流动性低的非标资产，使投资期限长于负债期限，这种长期资产和短期负债的组合潜藏着巨大的流动性风险；其二，在低利率环境下，长期负债和短期资产的组合是保险行业的常态。投资环境不利，将直接影响资产的积累速度和数量达不到负债的要求，同时，资产久期低于负债久期将面临再投资风险。无论是哪种情形，都将引发资金运用风险。将保险资金引入 PPP 项目的建设中，可以缩小保险资产和负债匹配的久期缺口，由此遏制"长钱短配"和"短钱长配"的矛盾，并降低由此产生的"再投资风险"和"流动性风险"。

（四）保险资金参与 PPP 项目是服务实体经济的客观要求

一直以来，保险行业作为社会风险的分担者和化解者，成为保障经济、社会平稳运行的"稳定器"，在经济建设领域，保险资金同样发挥着"助推器"的作用。2014 年 8 月 10 日，国务院发布了《关于加快发展现代保险服务业的若干意见》，鼓励保险资金以股权、债权、基金、资产支持计划等多种形式，积极参与涉及国家重点战略和领域的投资，创新保险资金支持实体经济的方式，满足国家经济建设的现实需求。2017 年 5 月 4 日，中国保监会发布的《指导意见》，提出"大力引导保险资金服务国家发展战略"的号召，支持供给侧结构性改革、"一带一路"建设、"推进保险资金参与 PPP 项目和重大工程建设"等。与此同时，中国保监会发布的《通知》中还特别指出："投资计划涉及'一带一路'建设、京津冀协同发展、长江经济带、脱贫攻坚和河北雄安新区等符合国家发展战略的重大项目的，中国保监会建立专门的业务受理及注册绿色通道"。2017 年《政府工作报告》中首次提出，要"拓宽保险资金支持实体经济渠道"。从政策制定者的意图我们可以清楚地看到，未来保险资金将成为各类基础设施项目和民生工程的重要参与者，成为推动宏观经济和区域经济发展的一支重要力量。

中国经济已进入新常态发展阶段，结构的调整和改革的深化都离不开各种生产要素的支持。资金作为最重要的生产要素之一，对经济发展的重要程度不言而喻。以 PPP 模式来从事的基础设施建设和公共品的生产和服务，无论是对资金规模、期限的要求，还是对成本、效益的考核，都有较高的标准。而保险资金所具有的独特优势与 PPP 模式十分契合。除了上面谈到的保险资金具有规模大、期限长、资金来源稳定、追求适中、稳定的投资回报，因而可以持续、有效地对接 PPP 项目建设过程中长达几十年的资金需求等优势以外，还有一个非常重要的特点，那就是保险资金属于社会资本，它不仅不会对民间投资产生挤出效应，还能以其示范作用带动更多民间投资意愿。同时，就保险行业自身来说，把更多的保险资金投入到经济建设中，有助于实现"长钱长配"的目标，提高配置效率，增强保险行业的社会影响力，这无疑是一个双赢的选择。

二、保险资金参与 PPP 项目的可行性

保险资金参与 PPP 项目还具有较强的可行性。近年来，国务院、财政部、国家发展改革委等部门陆续出台政策，从地方政府债务管理、深化预算管理、投融资体制创新等方面为保险资金参与 PPP 模式提供政策支持。此外，地方政府通过融资平台代为举债开展基础设施建设的模式受到限

制；随着房地产行业进入下行拐点，土地财政筹资模式也面临压力。巨大的投资需求和持续收紧的传统融资方式之间的矛盾，为 PPP 模式的快速发展提供了良好契机。此外，保险资金从 2006 年开始参与基础设施建设，长期以来积累了大量的经验，也为后续参与 PPP 项目提供了较多的经验。

（一）国家政策为保险资金参与 PPP 项目提供了有力保障

第一，国务院出台多项政策鼓励发展 PPP 项目。2014 年国务院发布《国务院关于加强地方政府性债务管理的意见》，剥离融资平台公司政府融资职能，明确地方政府只能通过发行政府债券或采用 PPP 模式融资。大力推行地方投融资体制改革，规范地方融资平台举债，积极推广 PPP 模式，通过特许经营、购买服务、股权合作等方式引入社会资本，参与公共服务和基础设施建设。随后，国家发布多项法律法规，鼓励保险资金参与 PPP 项目的实施。如中共中央发布的《国务院关于深化投融资体制改革的意见》、国务院发布的《国务院关于创新重点领域投融资机制鼓励社会投资的指导意见》、国务院办公厅转发《财政部发改委人民银行关于在公共服务领域推广政府和社会资本合作模式指导意见》的通知及国家发展改革委《中国保监会关于保险业支持重大工程建设有关事项的指导意见》等法律法规，对 PPP 模式进行了系统完整的规范，并从地方政府债务管理、深化预算管理、投融资体制创新等方面为 PPP 模式提供了政策支持。

第二，相关部委出台配套措施。财政部发布《政府和社会资本合作模式操作指南（试行)》《政府和社会资本合作项目财政管理暂行办法》等文件。国家发展改革委出台《关于开展政府和社会资本合作的指导意见》《基础设施和公共事业特许经营管理办法》《传统基础设施领域实施政府和社会资本合作项目工作导则》等，明确 PPP 具体的操作模式等。

第三，监管政策放开保险资金 PPP 投资模式。2016 年 7 月 3 日，中国保监会对《保险资金间接投资基础设施项目试点管理办法》进行了修订，该办法明确了保险资金在基础设施领域的可投资行业，不再限于交通、能源、市政、环保和通信。此后，中国保监会于 2017 年 5 月 4 日和 5 月 5 日分别发布《通知》和《指导意见》，提出将推进保险资金参与 PPP 项目和重大工程建设。具体举措包括：支持符合条件的保险资产管理公司等专业管理机构，作为受托人发起设立基础设施投资计划，募集保险资金投资符合条件的 PPP 项目。在风险可控的前提下，调整 PPP 项目公司提供融资的主体资质、信用增级等监管要求，推动 PPP 项目融资模式创新。作为一个国家级行业监管机构，两日之内连发两文，体现出监管部门对保险资金间接投资基础设施项目、对保险机构参与 PPP 项目进行多元化产品和服务创新的大力支持与鼓励。

（二）宏观环境为保险资金参与 PPP 项目创造了充分条件

当前我国经济运行总体平稳，但长期来看经济下行压力较大，仍存在许多不确定性。在金融市场中，集中表现为信用风险显著增加，民间投资不活跃，持续低利率环境下的"资产荒"等。因此，适当增加久期较长、可以跨越经济周期的非标资产配置，成为保险资金的主动选择。PPP 项目最主要特点就是项目运营周期长且需要长期大规模稳定的资金，这与保险资金的特点和投资需求高度匹配。此外，保险资金以 PPP 模式参与基础设施建设项目，可以优化社会管理方式和创新公共服务模式，增强保险业服务实体经济能力，支持供给侧结构性改革战略。

（三）保险资金投资基础设施经验丰富，为进一步深度参与 PPP 项目打下了良好的基础

随着 PPP 模式的进一步推广，预计今后将会有更多的基础设施项目采用 PPP 模式，而保险资金在过去较长的时间内已经参与了许多包括基础设施投资在内的各类投资计划，积累了较为丰富的经验，为参与 PPP 项目打下了良好的基础。据中国保险资产管理业协会发布的数据显示，截至 2017 年 12 月底，保险业累计发起设立债权投资计划和股权投资计划 843 项，24 家保险资产管理公司注册债权投资计划和股权投资计划共 216 项，其中基础设施债权投资计划 81 项，注册规模 2 466.45 亿元①。随着 PPP 模式的进一步推广，预计今后将会有更多的基础设施项目采用 PPP 模式，也将会有更多的保险资金进入这个领域。

---

① 资料来源于中国银保监会，由于相关统计数据没有最新信息，故采用 2017 年数据。

保险资金支持 PPP 项目发展的
历史沿革与具体方式

➡ 第一节
保险资金支持 PPP 项目发展的历史沿革与发展现状

自 1979 年国内恢复保险业务以来，保险资金逐渐成为我国资本市场重要组成部分，现阶段资金运用渠道主要包括银行存款、债券、股票、不动产、基础设施建设等，尤其是近年来除银行存款、债券和股票之外的投向比例大幅上升，在一定程度上保证了资金收益和安全性的增加。2006 年开始，我国保险资金可以进入基础设施建设，基础设施债权计划的实际投资主要集中在交通、能源及市政等领域。保险资金运用于 PPP 领域正式开始于 2016 年，中国保监会发布《保险资金间接投资基础设施项目管理办法》，要求"保险资金间接投资基础设施项目，应当遵循安全性、收益性、流动性和资产负债匹配原则"，并在债权和股权投资方式之外增加"物权"和"政府和社会资本合作模式"投资基础设施项目。自此，保险资金进入 PPP 项目得以正名。

一、保险资金运用现状

保险资金由于具有负债属性，投资风格偏向稳健，整体资金运用经历了由简单到复杂、由场内到场外、由国内到国外的渐进过程，对各类资产的投资比例也呈扩大趋势，近年来尤其是对另类投资愈加推崇。从我国保险资金的投资渠道分类（见图 2-1）可见，保险资金的渠道日益多元化，其中，另类投资占比从 2006 年的 4.60% 上升到 2018 年的 39.23%，而在另类投资中，不动产、债权和股权投资又占据主导地位，说明保险资金对此类资产的偏好正逐年攀升。与之相对应，PPP 项目所呈现出的资产恰恰是保险资金投资意向相对最高的资产。

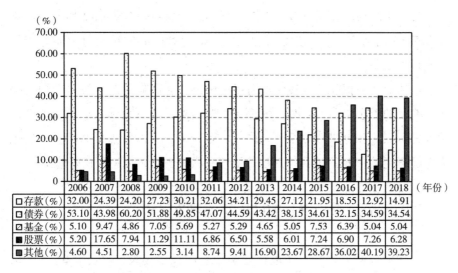

	2006	2007	2008	2009	2010	2011	2012	2013	2014	2015	2016	2017	2018
□存款(%)	32.00	24.39	24.20	27.23	30.21	32.06	34.21	29.45	27.12	21.95	18.55	12.92	14.91
□债券(%)	53.10	43.98	60.20	51.88	49.85	47.07	44.59	43.42	38.15	34.61	32.15	34.59	34.54
□基金(%)	5.10	9.47	4.86	7.05	5.69	5.27	5.29	4.65	5.05	7.53	6.39	5.04	5.04
■股票(%)	5.20	17.65	7.94	11.29	11.11	6.86	6.50	5.58	6.01	7.24	6.90	7.26	6.28
■其他(%)	4.60	4.51	2.80	2.55	3.14	8.74	9.41	16.90	23.67	28.67	36.02	40.19	39.23

图 2-1 保险资金运用渠道（2006~2018 年）
资料来源：中国银行保险监督管理委员会网站。

中国银保监会统计数据显示，截至 2018 年底，保险业总资产达 18.33 万亿元，较年初增长 9.45%；资金运用余额 16.41 万亿元，较年初增长 9.97%，增速持续高于同期经济增速。从投资结构的角度来说，以 2017 年为例，投资性房地产、股权计划和债权计划资金运用余额分别为 1 783.21 亿元、870.02 亿元和 1 182.41 亿元，占当年资金运用余额的 7.99%、0.59% 和 1.20%，均较上一年有较大提升。尤其值得注意的是，股权计划和债权计划在 2017 年的投资收益率分别高达 6.01% 和 6.54%，均高于同期 5.71% 的整体水平[①]。由此可知，该类资产为保险资金的稳定收益做出了不小的贡献，预期未来此类保险资金的占比和收益贡

---

① 资料来源：中国银行保险监督管理委员会（www. cbirc. gov. cn/）。

献将越来越大。

另据中国保险资产管理业协会发布的数据显示，截至 2017 年 12 月底，保险业累计发起设立债权投资计划和股权投资计划 843 项，合计备案注册规模 20 754.14 亿元。从 2017 年全年来看，24 家保险资产管理公司注册债权投资计划和股权投资计划共 216 项，合计注册规模 5 075.47 亿元。其中，基础设施债权投资计划 81 项，注册规模 2 466.45 亿元；不动产债权投资计划 123 项，注册规模 2 113.52 亿元；股权投资计划 12 项，注册规模 495.50 亿元。这进一步说明，保险资金为对接 PPP 项目已经做好了较为充足的准备。

整体而言，保险资金整体规模逐年攀升，为保险资金参与 PPP 项目提供了充足的资金来源，同时，由于保险资金本身具有负债久期长、资产规模大的特点，和 PPP 项目合作期限长、资金需求大的特点最为契合，这也为保险资金结合 PPP 项目特点进行融资和服务创新，创造了良好的条件。

二、保险资金投资基础设施的历程及现状

保险资金参与 PPP 发展最初起步于基础设施建设。早在 2006 年，保险资金就已经可以在基础设施领域进行投资，随着我国保险资金运用政策的松绑，保险资金可以通过以下三种计划：即以基础设施债权计划、基础设施股权计划和集合信托计划为载体，间接投资于基础设施领域。基础设施债权计划和基础设施股权计划统称为基础设施投资计划，由保险行业发起设立，是保险资金对接基础设施领域的主要金融工具。由于基础设施债权计划起步早，风险低，收益稳健，在数量和规模上都远远超过股权计划。

这里以债权计划为例进行具体说明。2006 年 3 月，中国保监会发布《保险资金间接投资基础设施项目试点管理办法》《保险资金间接投资基础设施债权投资计划管理指引（试行）》及《基础设施债权投资计划产品设立指引》等文件，明确了由委托人将保险资金委托给受托人，由受托人按委托人意愿以自己的名义设立投资计划，为受益人的利益或特定目的投资基础设施项目。2010 年 9 月，中国保监会发布《保险资金投资不动产暂行办法》，允许保险资金投资基础设施类不动产、非基础设施类不动产及不

动产相关金融产品，明确保险资金投资基础设施类不动产要遵照《保险资金间接投资基础设施项目试点管理办法》及有关规定，投资非基础设施类不动产及相关金融产品，遵照《保险资金投资不动产暂行办法》。2012 年10 月，中国保监会发布《基础设施债权投资计划管理暂行规定》，废止之前的两项指引，进一步放宽债权计划，为拓宽保险资金支持实体经济渠道创造了条件。2013 年初，中国保监会发布《关于债权投资计划注册有关事项的通知》，将基础设施债权计划由备案制改为注册制。2014 年 9 月 15日，中国保险资产管理业协会成立，全面负责保险资产管理产品的注册及后续改革事宜。2016 年 7 月，中国保监会发布《管理办法》，放宽保险资金可投基础设施项目的行业范围，鼓励 PPP 等创新模式，缓解目前保险公司面临的再配置压力，同时加深保险资金与实体经济的对接的程度，支持经济稳定增长。2017 年 5 月 22 日，中国保监会发布《关于债权投资计划投资重大工程有关事项的通知》，继续发力引导保险资金进入实体经济，参与到国家重大战略建设中。

保险资产管理业协会的统计数据显示，2007 年保险资金发起基础设施和不动产计划只有 175 亿元，到 2017 年增长到 3 844.43 亿元，年均增长速度达 36.20%，其中，基础设施债权投资计划 61 项，规模 1 912.85 亿元，不动产债权投资计划 82 项，合计规模 1 443.08 亿元，股权投资计划11 项，合计规模 488.5 亿元[①]。从行业投向来看，基础设施债权投资计划主要投资于交通、能源领域；从不动产债权投资计划的维度来看，项目最终的投资对象主要是商业不动产和棚户区改造等。

目前，基础设施债权计划的实际投资主要集中在交通、能源及市政，而通信与环保则涉及较少。交通行业是保险资金进入最多的行业，保险资金已经进入了除港口之外的其他交通子领域，重点布局在铁路、高速公路及城市轨道交通等；能源方面，保险资金主要以煤矿、电力等作为主要投资领域；市政包括城市道路、水务、燃气等，以地方融资平台作为主要的融资主体，保险资金有部分介入。保险资金通过基础设施投资计划，取得

---

① 资料来源：李真 . 2018 年保险资产管理行业报告：回归保障本质，全面布局养老全产业链[J]. 华宝证券研究报告，2018：19.

了以下三个方面的显著成效：一是拓宽了自身的投资渠道，提升了投资收益；二是支持和促进了国家的经济建设；三是为参与 PPP 项目积累了宝贵的经验。

三、保险资金参与 PPP 项目的发展历程

从本源上看，保险资金参与 PPP 项目是建立在保险资金在基础设施领域投资基础上的。2017 年 5 月 4 日，中国保监会发布了《通知》，其中对"保险资金投资 PPP 项目"进行了如下定义："保险资产管理公司等专业管理机构作为受托人，发起设立基础设施投资计划，面向保险机构等合格投资者发行受益凭证募集资金，向与政府方签订 PPP 项目合同的项目公司提供融资，投资符合规定的 PPP 项目。"从政策推进的角度来看，可以将保险资金参与 PPP 项目的发展分成四个阶段。

第一，尝试阶段。中国保监会 2006 年发布并于 2010 年和 2016 年两次修正的《保险资金间接投资基础设施项目试点管理办法》，对保险机构作为基础设施投资计划委托人以及独立监督人都有资质要求，并要求保险机构作为委托人对基础设施投资计划进行实质审核。2012 年 10 月，中国保监会印发《基础设施债权投资计划管理暂行规定》，明确了保险资产管理公司等专业管理机构设立与发行债权投资计划以及投资基础设施项目的操作标准，强调风险和监管，规定由中国保监会负责制定债权投资计划业务的政策，并依法对债权投资计划业务进行监督管理。

第二，鼓励阶段。"新国十条"指出，为充分发挥保险资金长期投资的独特优势，"鼓励保险资金利用债权投资计划、股权投资计划等方式，支持重大基础设施、棚户区改造、城镇化建设等民生工程和国家重大工程"，并"鼓励设立不动产、基础设施、养老等专业保险资产管理机构，允许专业保险资产管理机构设立夹层基金、并购基金、不动产基金等私募基金"。在 2014 年 11 月发布的《国务院关于创新重点领域投融资机制鼓励社会投资的指导意见》中，鼓励"大力发展债权投资计划、股权投资计划、资产支持计划等融资工具，延长投资期限，引导社保资金、保险资金等用于收益稳定、回收期长的基础设施和基础产业项目。"为深入贯彻落

实《国务院关于加快发展现代保险服务业的若干意见》和《国务院关于创新重点领域投融资机制鼓励社会投资的指导意见》精神，国家发展改革委与中国保监会在 2015 年 9 月联合发布《关于保险业支持重大工程建设有关事项的指导意见》，要求保险业积极发挥中国保险投资基金作用，"鼓励保险资金通过债权投资计划、股权投资计划等方式，投资基础设施、民生工程等重大工程""在风险可控和依法合规的前提下，进一步拓宽保险资金投资基础设施项目和非重大股权的行业范围，丰富投资计划增信机制，创新交易结构"，并"鼓励保险资金参股政府出资发起设立的各类投资基金""探索保险资金参与重大工程银团贷款，降低融资成本""鼓励设立不动产、基础设施、养老等专业保险资产管理机构"。

第三，落实阶段。为进一步落实险资投资基础设施，中国保监会于 2016 年 7 月发布《管理办法》，取消了交通、通信、能源、市政、环境保护等国家级重点基础设施项目的行业范围限制；取消了债权和股权投资的基础设施项目资本金比例和自筹资金比例限制等。要求"保险资金间接投资基础设施项目，应当遵循安全性、收益性、流动性和资产负债匹配原则"，并在债权和股权投资方式之外，增加"物权"和"政府和社会资本合作模式"投资基础设施项目。自此，保险资金得以"名正言顺"地进入 PPP 项目。2017 年 5 月，为了支持 PPP 项目的发展，拓宽 PPP 项目的融资渠道，创新 PPP 项目融资方式，中国保监会同日发布《通知》和《指导意见》两项政策。《通知》在《管理办法》的基础上进一步明确了保险资金可以投资的 PPP 项目的条件，为保险资金进入 PPP 项目提供了政策支撑。《指导意见》鼓励保险资金扩大合作范围，投资符合条件的 PPP 项目，投资关系国计民生的各类基础设施项目和民生工程等。

第四，加强监管阶段。2017 年 11 月，财政部办公厅下发《关于规范政府和社会资本合作（PPP）综合信息平台项目库管理的通知》对 PPP 项目进行清理整顿。与此同时，中国人民银行发出《关于规范金融机构资产管理业务的指导意见（征求意见稿）》的公开征求意见，在非标准化债权类资产投资方面，明确标准化债权类资产的核心要素，提出期限匹配、限额管理等监管措施；要求资产管理（以下简称"资管"）业务不得承诺保本保收益，明确刚性兑付的认定；要求将嵌套层级限制为一层，禁止开展多层嵌套和通道业务；并要求"按照资管产品的业务实质属性，进行监管穿透，向上穿透识别产品的最终投资者是否为合格投资者，向下穿透识别产品的底层资产是否符合投资要求"。2018 年 7 月，中国人民银行发布《关于进一步明确规范金融机构资产管理业务指导意见有关事项的通知》，对《关于规范金融机构资产管理业务的指导意见（征求意见稿）》中第十条进行修正，允许公募资产管理产品"适当投资非标准化债权类资产"。以上监管政策的出台，为保险资金支持 PPP 项目发展进行了进一步的规范。

至此，我国保险资金参与 PPP 项目的相关政策已经相对完备。

四、保险资金参与 PPP 项目的探索和模式

目前来看，保险资金参与 PPP 项目主要进行了以下几方面的探索。

一是政府责任方面，由无限兜底责任变为有限合同责任。之前，保险资金参与基础设施投资以平台债务融资为主，大部分平台主要从事回报周期较长的公益性或准公益性项目，如基础设施和园区建设等，难以依靠项目及公司经营性现金流偿还贷款，维系资金链条主要依托土地财政。各级政府的显性或隐性担保是保险资金向平台融资的主要动因。在 PPP 模式下，政府与社会资本以书面合同约定权、责、利关系，政府承担责任以合同为限，不再提供刚性兑付承诺。

二是还款来源方面，由依赖外部增信变为项目自身运营。大多数基础设施债权投资计划的第一还款来源普遍较弱，项目还款高度依赖于平台回购、政府兜底、银行担保等外部增信，这不仅增加了融资主体资金成本，也对信用资质好的融资主体形成挤出效应。在 PPP 模式下，偿债主体为专门设立的项目公司（SPV），偿债资金来源主要为项目公司资产、项目运营现金流或政府补贴，一般较少或没有外部担保。这样做的结果是，不仅扩大了保险资金的可投主体范围，也对保险公司的项目审查、风险管理和投资后的监督提出了更高要求。

三是合作关系方面，由政府主导推动变为风险收益共担。融资平台项目大部分由政府主导推动：资金上由政府统借统还，信息披露不充分，账

目不清晰、责任不明确；运营上由政府大包大揽，缺乏约束和激励机制，公共服务效率不高。在 PPP 模式下，政府与企业在规范、清晰、可操作的商业契约下平等合作，按照"收益共享、风险共担"的原则，合理分工合作，各自承担相应的风险。其中，保险作为成熟的市场化机制，可以发挥风险管理、资金融通、增信担保等作用，提高了项目融资和建设效率。

在实践中，保险资金参与 PPP 项目的模式主要有以下几种。

一是作为财务投资者投资 PPP 项目。保险资金通过债权、股权、股债结合等方式，间接为 PPP 项目提供融资，获取财务收益回报。如北京地铁 16 号线采用"PPP + 保险股权投资"的复合模式，由北京市基础设施投资有限公司（以下简称"京投公司"）承担项目规划和建设，京投公司将总投资分为投资建设（A 部分）和运营管理（B 部分）。A 部分通过股权融资方式引入中再资产管理股份有限公司，分两期出资 120 亿元，B 部分引入北京京港地铁有限公司作为特许经营者出资 150 亿元。其中，中再资产将持有的股权全部委托京投公司管理，不参与北京地铁十六号线投资有限责任公司（以下简称"16 号线公司"）的经营管理，承诺不向第三方转让其所持有股权，持股期限最长 20 年。期末京投公司按原值回购中再资产持有股权；京港地铁采用 BOT 模式，负责工程投资建设，并在 30 年特许经营权内负责运营、管理及维护，特许期限结束后整体移交政府。

二是作为有限合伙人设立 PPP 基金。为推广 PPP 模式，由中央或地方财政出资，注入政府融资平台或国有企业，作为基金管理人和 GP，发起设立政策性 PPP 融资基金，发挥财政资金的引导和杠杆效用，吸引保险资金等中长期资金作为有限合伙人（以下简称"LP"）共同投向 PPP 领域。根据保险资金的收益分配机制，可分为名股实债和股权投资两种。目前，河南、山东、江苏、四川、广东等省已陆续设立了 PPP 融资支持基金。此前，财政部联合 10 家金融机构设立了规模达 1 800 亿元的中国 PPP 融资基金，作为保险公司的国寿集团出资上百亿元参与其中。

三是作为风险管理者参与 PPP 项目。PPP 项目资金规模大、生命周期长，在项目建设运营中面临着很多风险。针对项目融资方、承包商、分包商、供应商和运营商等规避转移风险的需要，保险公司以风险管理者的角色，积极参与 PPP 项目的建设、运营和管理，如推广建工险、企财险、责任险、意外险等险种，降低 PPP 各方风险，增加 PPP 项目结构设计的灵活性。又如，发挥信用保证保险的增信作用，提升项目信用等级，降低 PPP 项目的融资成本。

除此以外，保险公司也能够与各类产业资本组成联合体，共同参与 PPP 项目。由保险公司负责项目融资，产业资本负责建筑设计、运营维护等工作。

▶ 第二节
保险资金支持 PPP 项目发展的主要方式

总的来说，保险资金参与 PPP 项目的主要方式有三种，分别是间接投资、直接投资和其他方式。其中，间接投资是指保险资金不直接参与 PPP 项目，而是通过产业基金或母基金的方式间接进入，达到支持 PPP 项目建设的目的，主要有保险资金通过产业基金对基础设施项目进行间接股权投资、保险资金发起设立 GP，通过母基金投资基础设施和保险资金通过股权计划，以 LP 身份投资产业基金等三种方式。直接投资是指保险资金直接参与 PPP 项目中来，把自身放在项目执行的前端，主要有股权、债权和股债结合三种方式。其他方式还包括对 PPP 运营主体发行的股票、公司债券或依据项目现金流收益发行的项目收益债券和资产证券化产品进行投资等方式。不同的投资方式有不同的优缺点，适合不同的保险公司参与，现阶段适合保险资金参与的是间接方式以及直接投资中的股权投资方式。下面将详细介绍不同的方式，并辅之以案例进行深入介绍。

一、保险资金间接参与 PPP 项目的投资方式

（一）保险资金通过产业基金对基础设施项目进行间接股权投资

这是保险资金早期参与 PPP 项目采用的投资方式，严格来说，这种方式不是非常合规的 PPP 项目。在这种模式下，保险资金会依托于一个服务于 PPP 项目的产业基金或引导基金，保险资金将通过对这个产业基金注资的方式间接投向 PPP 项目。

通过产业基金对基础设施项目进行间接股权投资这种方式的优点主要体现在以下三方面：一是交易结构清晰，基础资产明确。二是虽为股权投资实为名股实债。采用分级结构、收益率已约定且有股份回购、银行补足差额本息的增信机制。三是通过基金的通道，规避了传统债权计划由于保监会监管规定所不能涉足的某些基础设施领域。但这种方式也有其固有的一些缺点：一是募集对象相对固定。该基金的优先级认购通常只有一家，而且资金实力雄厚，一般二期仍能继续认购。但自设自投的模式，没有完全调动保险公司作为保险资金管理者的积极性，没有其他保险机构参与其中，没有利用杠杆完成此次"政治加经济"的工程，模式也不可能在业内大规模普及和复制。二是资产认可比例较低。保险资金通过债权计划、股权计划、集合信托、产业基金进行投资，除考虑收益率和期限以外，产品载体的资产认可比例仍是一个重要考量因素之一。根据相关规定，保险公司开展常规负债业务，需要满足监管规定的偿付能力要求，一般情况下需要达到150%以上的偿付能力。此规定类似于银行的资本充足率、券商的净资本要求。通常权益类资产的认可比例较低，如大规模投资权益类资产，将大幅拉低保险公司的偿付能力，影响投资范围，甚至影响到主业的开展。监管部门通常认可的外部评级为 AAA 的债权计划，资产认可比例可达100%，完全不会消耗资本。而未上市股权投资基金，即便是偏固定收益类产品，仍只有90%的资产认可比例，也就是说，投资10亿元的股权基金，只能按照9亿元的资产计算。由此可见，该基金存在资产认可比例打折的问题。三是仅作为 LP 参与基金，没有参与管理，对项目的把控能力不够，无法达成保险机构利益最大化的目标。

对应案例：中国人寿—上海嘉定城市发展产业投资基金项目。2014 年1 月，中国人寿发起设立（上海嘉定）城市发展产业投资基金，该基金为有限合伙基金，首期为 50 亿元，中国人寿集团内企业出资约 35 亿元认购基金的优先级份额，上海市嘉定区政府平台公司出资约 15 亿元认购基金的劣后级份额，普通合伙人 GP 为国营的嘉定创投，其认购 1% 的劣后级份额。基金首期资金注资于一家项目公司，该公司将以基金的资金和自有资金投资于当地公益性项目，期限 10＋2 年，即存续期 10 年到期后，有限合伙人 LP 与普通合伙人 GP 协商确定是否展期 2 年。在退出方式上，项目公司母公司将在到期时回购该基金持有的项目公司股份。为保障基金优先级份额持有人的利益，一家商业银行将为该基金提供流动性支持，对优先级份额进行本息差额补足，该基金给中国人寿约定的收益率为每年 7.5%[①]。该案例是保险资金通过产业基金对基础设施项目进行间接股权投资的典型代表，在这个案例中，中国人寿发起设立（上海嘉定）城市发展产业投资基金，并出资 35 亿元，相当于把保险资金投到产业基金上。由于该产业基金主要投向上海嘉定的公益性项目，例如，一些具有公共物品属性的基础设施，因此，保险资金就变相地进入到了基础设施项目，而该项目完全可以用 PPP 的方式展开，最终实现保险资金间接支持 PPP 发展。

（二）保险资金发起设立 GP，通过母基金投资基础设施

由保险资金发起设立 GP，这也是早期保险资金参与 PPP 项目的迂回方式之一，保险公司可以作为基金管理人发起设立基金，并以 GP 的身份出现，对母基金具有管理权和操作权。保险资金进入基金后，将通过母基金投资于基础设施，最终达到参与 PPP 项目的目的。

这一投资方式的优点体现在：第一，保险资金通过设立母基金的方式设立 GP。这对于保险资金了解项目、管控项目风险、锻炼团队非常有利。2014 年下半年保险"新国十条"颁布后，保险资金可以在政策的允许下设立 GP。股权基金的投资范围也涉及中小企业、创业企业等风险较高的领域。第二，母基金层面没有设置增信机制，子基金层面设置了增信机制。通常来说，基础设施产业基金会直接设置增信机制，但因为此种模式基金的子基金经常涉足多地，故将分级结构和增信机制体现在子基金层面。通过分散投资和子基金层面对本息的多重保障，使得母基金的安全性也大幅提升。第三，打破了过去"一地一基金"的特定格局，通过设置母基金的方式，跨越异地，打开了保险资金跨地区投资的思路。

这种投资方式的缺点主要有以下三点：一是设置基金投资管道募集资

---

① 资料来源：尹卫. 中国保险资金参与 PPP 模式投资的问题研究［D］. 北京：北京大学，2015.

金，存在投资资格问题。根据监管部门的相关规定，保险资金参与直接股权和间接股权投资，需要完成股权投资能力报备。由于具有一定的条件门槛，保险行业具备相关资质的公司数量并不多。因此，从全行业的角度来看，此种通过基金募集资金的方式不具备普遍性，尤其是涉及资金过 100 亿元的股权类投资。二是双重收费问题。相对通常的债权计划、股权计划 $20 \sim 30 \mathrm{bps}$[①] 的管理费，基金收费较高，且由于设置两层基金，存在向委托人多次收费的问题。三是资产认可比例较低。

对应案例：太平—苏州城市发展基金项目。2014 年 3 月，太平保险成立太平（苏州）城市发展产业基金，该基金为有限合伙的母基金，首期 100 亿元，保险公司、商业银行出资 99% 作为 LP，由太平资产和国发创投（苏州）各占 50% 股份比例的太平国发（苏州）资本管理有限公司作为 GP 认购 1%。值得一提的是，这是保险资金首次参与组建基金的 GP，且在保险"新国十条"颁布之前，属于政策面的突破，应为中国保监会特批。根据当期的监管规定，保险机构无法组建基金的 GP。该母基金作为 LP 投资于两只子基金，即"吴中生态文明产业基金"和"常熟城市发展产业基金"。两只子基金各为 50 亿元，母基金作为优先级份额出资认购 80%，吴中与常熟的地方政府平台作为劣后级份额出资认购 20%。两只基金的 GP 均为前述的合资 GP。两只子基金中首期的吴中基金投资方向为污水处理、管网建设及吴中区保障房。母基金与子基金的存续期为 10 年，子基金中的吴中基金存续期满，由地方政府平台对优先级份额进行回购。还本付息不足时，由次级份额设立的备付金账户补齐。此外，当备付金账户资金仍不足以补齐时，该基金的托管行江苏银行还会对本息差额部分进行无条件不可撤销补足，母基金 LP 的预期收益率为每年 7.8%[②]。在这个案例中，太平保险发起设立 GP，该 GP 的母基金作为 LP 投资于吴中和常熟的两个子基金，而这两个子基金则可以直接投资于基础设施，这样一来，太平保险的保险资金就变相地投向了基础设施建设，最终达到间接参与 PPP 项目建设的目的。

---

① Basic Point 为利差的最小变动单位，1BP = 0.01%。
② 资料来源：尹卫. 中国保险资金参与 PPP 模式投资的问题研究［D］. 北京：北京大学，2015.

（三）保险资金通过股权计划，以 LP 身份投资产业基金

这种方式也是在保险资金参与 PPP 项目建设相关政策不明晰的情况下，保险公司采取的一个稳妥做法，保险资金通过收购产业基金的股权，达到控制 PPP 产业基金的目的，实现参与 PPP 项目的目的。

这一投资的优点体现在以下几个方面：一是通过业内的具有固定收益特征的股权计划，间接投资 PPP 项目基金，可以将保险资金投资的资产认可比例提升到 95%，从偿付能力的角度看，这等于变相提升了收益，因为股权投资具有长期性和稳定性的特征，是保险资金运用领域较为欢迎的高收益投资渠道；二是通过股权计划这种金融产品形式，可以让更多不具备股权投资能力备案资格的保险公司参与其中，分享比投资债权计划更高的收益；三是通过股权计划投资 PPP 项目基金，绕开了传统股权计划、债权计划的政策限制，使得保险资金投资渠道更加合规，进入更多的 PPP 项目领域。四是交易结构的各层面运用了多重增信机制，包括通过分级设置内部增信、本金收益补足、股份回购、债权担保、流动性支持、股份质押、土地抵押等，使得此种投资计划更加稳健可靠，由此增强了投资者的信心，助力投资项目更加顺利地开展。

这一计划的主要缺点是：一是由于设置了股权计划的嵌套，存在双重收费的问题，该股权计划的管理费曾一度远高于债权计划 30bps 的中值。而实际上，股权计划只起到一个通道作用，管理人并不直接参与项目的选择与投资；二是由于保险机构并不承担实际的管理职能，所以，即使进入到有限合伙的投委会层面，保险资金仍然无法实际掌控局面，仍然只能扮演纯财务投资者的角色；三是所有信用增级措施均来自一家主体，风险过于集中。

对应案例：中再—嘉凯城城镇化发展股权投资计划。2014 年底，中再资产管理股份有限公司成立中再—嘉凯城城镇化发展股权投资计划，是保险资金尝试通过行业内发行的股权计划参与产业投资基金的典型。该股权计划总规模 40 亿元，首期 24 亿元。募集资金作为优先级 LP 认购上海中再嘉凯城城镇建设发展中心（有限合伙）80% 的 LP 份额，嘉凯城集团旗下全资子公司城镇化建设公司作为劣后级 LP 出资认购有限合伙 20% 的份额。

该有限合伙企业专项投资于城镇化项目，管理人是嘉凯城集团旗下的凯思达资本。该股权计划的投资期限为 4 + 2 年，股权计划的委托人和有限合伙列后 LP 双方的选择权。该股权计划固定利率每年 7.8%。还款来源方面，在股权投资计划层面：第一还款来源为有限合伙的收益分配，第二还款来源为嘉凯城集团的现金流。在有限合伙层面：第一还款来源为有限合伙所投项目的现金流，第二还款来源为嘉凯城集团的现金流。股权计划的退出方式包括：有限合伙的分配清算、优先级 LP 份额的转让。增信机制上，在股权计划层面，一是嘉凯城集团旗下全资子公司城镇化建设公司作为劣后级 LP 出资认购有限合伙 20% 的份额；二是嘉凯城集团为有限合伙优先级 LP 的预期收益和本金偿付提供补足；在有限合伙层面，一是嘉凯城集团为有限合伙债权形式投资提供全额不可撤销的连带责任保证担保，为有限合伙股权形式投资提供股权收购承诺，并对项目公司提供流动性支持；二是有限合伙所投项目的非有限合伙持有的项目公司股权全部质押给有限合伙；三是项目用地及在建工程、房屋第一顺位抵押给有限合伙。此外，股权计划和有限合伙还设置了风险缓释措施，一是优先级 LP 有权委派不超过 2 名人员为有限合伙投资顾问委员会委员，对重大事项拥有一票否决权；二是资金在股权投资计划和有限合伙两个层面均实现托管，优先级 LP 拥有资金的知情权；三是如果嘉凯城集团经营发生重大不利变化，优先级 LP 保留提前退出的权利①。在这个案例中，中再通过成立中再—嘉凯城城镇化发展股权投资计划，实现了以优先级 LP 的身份认购上海中再嘉凯城城镇建设发展中心 LP 份额，达到了助力城镇化建设的目的，最终能够通过这个渠道顺利参与 PPP 项目建设。

二、保险资金直接参与 PPP 项目的投资方式

（一）股权投资方式

在 PPP 模式中，社会资本的股权投资是其成功的关键。根据国务院

---

① 资料来源：尹卫. 中国保险资金参与 PPP 模式投资的问题研究 [D]. 北京：北京大学，2015.

1996 年颁布的《关于固定资产投资项目试行资本金制度的通知》及相关规定，建设项目需筹集一定比例的非债务性资金作为资本金，资本金不到位则项目贷无从发放。而资本金动辄上亿元，投资人通常难以通过自有资金直接承担，故股权融资需求极为旺盛。而保险资金恰好具有期限长、体量大的优势，能够满足 PPP 项目股权融资的需求。所以，股权投资成为保险资金投资 PPP 项目的一个重要方向。目前，保险资金已经在京沪高铁、中石油西气东输管道、北京地铁 16 号线等项目上成功进行了股权投资。但是，股权投资需要承担较高的风险，而保险资金负债端的成本相对固定，倾向于投资固定收益的项目，可行的路径是在满足 PPP 项目股权性资金需求的同时，尽可能通过名股实债、夹层融资等创新方式防范股权投资风险，具体而言，可以采取如下具体模式：

模式一：与施工企业等社会资本方成立专项基金，由社会资本方提供增信

该模式是指保险机构与施工单位或运营企业等社会资本方共同成立基金，保险资金作为该基金的优先级 LP，社会资本方担任次级 LP 并对优先级 LP 承担差额补足和回购义务，由社会资本方指定的第三方基金管理公司担任 GP 或者由社会资本方指定的第三方基金管理公司与保险资金指定的基金管理公司担任双 GP。该模式与基础设施股权计划有相似之处，但交易结构相对而言更为复杂。

该模式的优点是，由施工企业/运营企业向保险资金提供差额补足和回购增信，能够避免保险资金承担 PPP 项目的固有风险；同时，该模式能够满足 PPP 项目的股权性资金融资需求，促进 PPP 项目的落地。

该模式的缺点表现为：其主要考察的是提供差额补足和回购的社会资本方提供增信的能力，但实际上，能够达到保险资金信用风险管理要求的社会资本方并不多见。而且，当前作为社会资本方主力军的施工企业/运营企业负债率普遍很高，故其往往要求将项目"出表"以降低负债率。然而，无论是担保还是差额补足和回购，在审计上往往被视为负债，这与其要求背道而驰。当前的市场状况是，中标的 PPP 项目的施工单位往往会借助"项目荒"所形成的市场优势地位，拒绝对项目提供增信，因此，该类模式的投资机会与市场空间较为有限。当然，一些施工单位与金融机构正在开展 PPP 基金结构设计创新，使之既能够实现出表，又能保障金融机构的资金安全，此类新型基金也值得关注。

对应案例：太平—上海建工 PPP 项目保险资金股权投资计划。2016 年 11 月 11 日，"太平—上海建工 PPP 项目股权投资计划"成功落地。该计划总规模 40 亿元，是太平资产首个投资于 PPP 项目的股权投资计划。该投资计划安排如下：先由太平资产认购上海建工旗下基础设施建设基金优先级有限合伙份额，再由基金投资于建筑施工工程、基础设施投资经营、建筑相关工程等多个领域。同时，太平资产还为委托人创设了浮动与固定利率结合的弹性回报机制。本投资计划首期资金投资于浙江安吉经济开发区新型城镇化建设 PPP 项目[①]。在这个案例中，太平资产通过认购上海建工旗下基金股份，和上海建工共同设立专项基金，再由此专项基金投资于多个基础设施建设项目。最终，该专项基金投资于新型城镇化建设 PPP 项目，实现了保险资金支持 PPP 项目发展的目的。

模式二：与地方政府或其指定主体成立 PPP 产业基金，或参与地方政府 PPP 引导基金

该模式是指保险机构与地方政府或其指定主体联合设立 PPP 产业基金，或保险机构直接参与投资地方政府发起设立的 PPP 引导基金，保险资金作为优先级资金方，优先级的收益率通常采取"固定 + 浮动"的方式。政府引导基金可采取常规的基金模式或母子基金模式。采取母子基金模式可以进一步放大杠杆，满足政府 PPP 项目的投资需求。

该模式的优点是：首先，能够解决 PPP 项目股权性资金融资需求，促进 PPP 项目的落地，通过提升杠杆率促进地方政府筹集建设资金。其次，该模式通过结构化设计引入施工单位等社会资本方作为劣后级或中间级，能够缓释并分散 PPP 项目的风险。此外，该模式通常投资额度较大，一揽子对接多个项目，有利于发挥地方政府在项目储备方面的优势，提升投资效率。

这一模式的缺点是：第一，交易结构设计中政府占据优势地位，一些地方政府往往倾向于浮动收益，这与保险资金基于资产负债匹配性而要求固定收益的属性不符；一些地方政府要求同股同权，未安排优先级合理退

---

① 资料来源：根据中国太平官方网站信息披露文件整理。

出机制；一些基金在设立时并没有明确的投资项目，容易产生资金沉淀成本或提款不确定；一些基金在拟投项目选择上未赋予金融机构决策权，容易产生投资风险。第二，在当前"资产荒"的背景下，当地银行都竞相参与该类项目，故该类基金的竞争通常较为激烈，收益率往往较低，不少项目已经低于保险资金的负债端成本。

对应案例：中国人寿资管—青岛4号线基金。2016年10月26日，中国人寿中标青岛地铁4号线PPP项目，持有"青岛地铁4号线基金"优先级LP份额，占比58.33%。该基金将与青岛市政府，施工方设立项目公司，负责青岛市地铁4号线PPP项目的投融资、建设与运营。该项目是中国人寿与青岛市政府签署全面战略合作协议后，第一次与青岛市的直投项目合作。这一项目提升了保险资金支持国家基础设施PPP项目建设的力度，且创新性地在PPP模式中引入基金理念。通过保险资金出资优先于政府及施工方出资的结构化安排，保证了保险资金的安全性[①]。在这个案例中，国寿资管和青岛市政府及青岛4号地铁施工方成立产业基金，该基金直接对地铁施工进行投资，实现了保险资金直接参与PPP项目的目的。通过该模式，保险资金的进入有效缓解了地方政府在项目融资上的压力，而且由于地方政府的进入，也能在很大限度内分散PPP项目的风险。

模式三：以名股实债方式对PPP项目公司做资本金融资

名股实债模式是指保险资金以股权方式为PPP项目提供资本金，但通常约定由社会资本方对保险资金持有的这部分股权收益进行差额补足和到期回购，而真正的股权投资不存在这样的约定，这也是名股实债与真正的股权投资的关键区别。

保险资金以名股实债方式向PPP项目进行投资可以分为两种：一种是与施工单位或运营单位组成联合体投资；另一种则是保险资金仅做财务投资。联合体投资是指保险资金与施工或运营单位组成联合体，共同作为社会资本进行投标；财务投资则是指保险机构仅为社会资本提供财务投资，不实际参与项目建设和运营，也不参与竞标。财务投资模式的合规性要点

---

① 资料来源：殷怡．中标青岛地铁4号线——险资首单轨交PPP基金花落国寿［N］．第一财经，2016 – 10 – 27.

在于：第一，地方政府同意；第二，项目实施方案、招标文件以及 PPP 协议中关于中选社会资本在股权锁定期转让一定股份给财务投资人的预留接口保持一致；第三，在上述预留接口中，地方政府允许中选社会资本将一定股份转让给中选社会资本指定的相关财务投资人。两种投资方式最后均由社会资本方对保险资金提供差额补足和回购增信。

该模式的优点是，能够在满足 PPP 项目资本金融资需求的同时，隔离项目风险对保险资金本金和收益的影响。其中，联合体投资不仅有助于增强联合体各方的中标机会，而且有利于分散 PPP 项目的建设运营风险。由于保险公司通常并不具备基础设施项目设计、建设、运营、维护的能力，故需要合作方在社会资本的层面参与以补足这方面的不足，这将构成保险资金、合作方与政府方的三方合作框架。财务投资的优点在于可以将建设运营风险交由施工单位等中标人承担，风险较低。但财务投资中，保险资金通常是在社会投资人中标后进入，保险公司对项目的把控力较差，可能会面临其他金融机构的价格竞争。

该模式的缺点表现在：对提供差额补足和回购的社会资本方的信用要求较高，不少社会资本方出于出表业务等考虑，不愿意承诺名股实债，导致市场机会有限；施工单位等社会资本方往往希望借项目公司现金流实现金融机构的融资回报，但根据我国公司法的相关规定，在司法裁判实务中，法院通常不支持由项目公司承诺还本付息的"名股实债"安排，因此，该种交易结构的合规风险较大。此外，对于保险公司以财务投资人的身份对项目所进行的名股实债投资而言，合规要求较高，最显著的特点是需要地方政府同意，并且要求在招标文件、投标文件或 PPP 合同中作出一定说明，以规避社会资本方"擅自转让股权"情况的出现。

对应案例：北京地铁 16 号线股权投资计划。北京地铁 16 号线项目的总投资按一定原则和比例分为 A、B 两部分，A 部分由中再资产管理股份有限公司（以下简称"中再资管"）委托股权投资计划投资，总投资规模 120 亿元，占股约 80%，专项用于北京地铁 16 号线投资有限责任公司股权增资，股权投资期不超过 20 年。期末，京投公司按原值回购股权投资人所持 16 号线公司股权；股权投资期间，股权投资人以股权权益让渡对价款或以其他名义获取股权投资收益。投资计划采取收益波动互换安排：股权投资人将所持有的股权全部委托京投公司管理，不参与 16 号线公司经营管理。同时股权投资人不得向第三方转让其所持有的 16 号线公司股权。京投公司每年向投资计划支付固定比率的股权权益让渡对价款，在投资计划存续期内保持不变。从股权结构看，该投资计划是 16 号线公司为绝对大股东，但实质上其仅为财务投资人。股权投资人不承担建设和运营风险，投资回报率较低；特许经营者由于承担了完工风险、客流风险、票价风险、运营风险等，投资回报率较高[①]。在本案例中，中再资管通过财务投资的方式参与北京地铁 16 号线的 PPP 项目，京投公司作为社会资本方对中再资管的保险资金提供差额补足和回购增信，在项目运营过程中中再资管不具有任何管理职责。这种模式将保险资金和项目运营的风险隔离开，有助于保险资金的保值增值，但不利于保险方对项目的运行进行合理管控。

模式四：作为社会资本方以真正的股权方式直接投资项目

保险资金还可以考虑以真正的股权形式投资，即作为社会资本直接参与 PPP 项目投资。针对建设运营风险很低、能确保产生稳定的现金流回报且收益率达到保险资金要求的 PPP 项目，就可以采取此种方式投资。保险机构作为社会资本方向 PPP 项目进行真正的股权投资，可以采用联合体投资和单独投资这两种方式。所谓单独投资，是指保险机构作为投标人参与 PPP 项目竞标，中标后再自行选择建设运营主体，单独投资的优势在于能在项目建设运营中起到主导作用，通过分供合同控制建设运营成本，从而提升整体利润率。

这种模式的优点是：保险资金能够通过选择施工单位、运营单位来控制建设运营成本，从而提高整体收益率。联合投资和单独投资各自的优点上文已做陈述，此处不再赘述。

该模式的缺点表现在以下几个方面：保险资金需要实际参与建设、运营并承担风险。而对于保险资管公司来说，目前还不具备建设和运营 PPP 项目的能力，因此，管控难度很高、风险较大。此外，我国当前规范 PPP 的法律体系尚不健全，实践中问题较多，真正的股权投资所承担的项目风险较大。

---

① 王祎. 保险资金参与 PPP 项目模式研究——以北京地铁 16 号线为例 [D]. 北京：北京交通大学，2019.

可行的风险防范办法在于择优选择项目，可选择那些政府全额付费的非经营性项目，如果政府资信实力较强，且付费额度足以覆盖投资本息，则可以放弃要求社会资本方的增信；或者选择现金流充裕、风险较低的用户付费项目。无论如何，以真正的股权投资方式的开展需要保险机构具备较强的项目端管理能力。

对应案例：京沪高铁铁路股权投资计划。京沪高铁铁路股权投资计划安排如下：由平安人寿、太平洋人寿、泰康人寿、太平人寿、中国再保险公司、中意人寿、中国人民财产保险公司等七家保险机构共募集资金 160亿元。通过股权投资计划投资京沪高速铁路股份有限公司（以下简称"京沪公司"），目前持有该公司 13.91% 的股权。京沪高速铁路股权投资计划是保险资金首次采用纯股权方式投资建设具有国际影响的高速铁路项目，在投融资方式上的探索和实践顺应了国家投融资体制改革的大方向，拓宽了保险资金的投资渠道，促进了保险资金的保值增值，为保险资金以纯股权的方式投资国家基础设施项目树立了典范[1]。该案例中，七家保险公司募集保险资金，运用联合体投资以真正的股权方式投资京沪高铁。在这种模式下，七家保险公司对股权范围内的 PPP 项目工程具有完全的权限，能够有效控制成本，对保险资金来说是一个具有较强自主性的 PPP 参与方案。但也应当看到，这种模式对保险企业的要求比较高，需要对项目建设过程中的各个环节都熟知，对专业性的要求较高。

（二）债权投资方式

出于安全性的考虑，保险资金倾向于进行固定收益类投资，而 PPP 项目具有较高比例的债务融资需求，债务融资通常可达项目总投资的 70% ~ 80%。因此，债权投资也是保险资金投资 PPP 项目的一个重要渠道。

模式一：向施工单位提供债权融资，由施工单位的母公司或第三方提供担保

在该模式中，保险资金可以采取现有的债权投资计划模式投资基础设施项目，但从严格意义上来说，这个模式是主体融资而不是项目融资。保

---

① 资料来源：根据泰康资产管理有限责任公司官方网站披露信息整理。

险公司并不直接投资 PPP 项目，而是通过给承接 PPP 项目的施工单位提供资金，由其投入到 PPP 项目中从而间接投资于 PPP 项目。

这一模式的优点是，交易结构简单，保险资金仅承担融资企业和担保企业的信用风险，而规避了 PPP 项目的风险；但这种模式也有它的不足，即增加了施工单位的资产负债率。在当前资金充裕的市场环境下，该投资模式的运用遇到了一定的困难，市场机会不多。

对应案例：太平洋保险—某施工单位债权投资计划。该债权投资计划用于投资郑州郑新快速通道、郑州 G107 立交、新郑 6107 连接线、郑州郑新立交和洛阳 6310 公路 5 个省级重点建设项目，投资期限为 7 年，投资规模为 20 亿元。该债权投资计划采用固定利率，利息按季支付，分四次等额还本。债权投资计划存续期内，投资计划年管理费为 15 个基点。增信方式为 D 类增级，由母公司（中央企业上市公司）提供无条件不可撤销连带责任保证担保，产品信用评级为 AAA①。在该案例中，太平洋保险直接把保险资金以债权的方式交付给项目承建单位，项目承建单位的母公司为保险资金的收益提供担保，这种简单直接的方式能够确保保险资金不用承担项目运营风险，但在现实中这种机会不多见。

模式二：向项目公司提供债权融资

在该模式中，保险机构仅为 PPP 项目公司提供债务融资，不承担 PPP 设计、建设、运营和维护等的项目层面风险；仅作为项目公司的债权人向项目公司提供部分或者全部项目建设运营所需的债务性资金。

这种模式的优点是，交易结构简单，通过直接为 PPP 项目提供资金确保 PPP 项目的资金需求；债权投资额度通常较大，可以提升投资效率。而其缺点主要表现在以下两个方面：一是保险资金的本息还款来源是依靠项目运营所带来的政府付费或使用者付费的现金流收入，与项目风险完全相关，因此，需要注重项目投资前和投资后的风控管理，而目前大多数保险机构不具备此能力，该模式对项目要求也较高，需要具备丰富的项目甄选能力；二是融资主体对资金成本多有要求，故保险资金对 PPP 项目进行债权融资且已落地的项目并不多见，多是其他金融机构（特别是银行）对项

---

① 资料来源：慧择保险网.保监会松绑 PPP 融资［Z］.2017.5.12.

目做债权融资的案例。

对应案例：北京地铁 4 号线 PPP 项目。北京地铁 4 号线 B 部分总投资共计 46 亿元，由项目公司负责筹集，其中股权投资约 15 亿元，由港铁公司、首创集团和京投公司分别按投资比例出资。其余 31 亿元由京港地铁公司向国家开发银行贷款融资，期限 25 年，执行基准利率。建设期贷款属于项目融资贷款，京港公司以拥有的资产（包括动产、不动产、特许经营收入或收益权等）作抵押或质押[①]。

（三）股债结合方式

考虑到 PPP 项目对社会资本股权投资有一定的需求，但股权资金需求往往并不大，因此，对于合适的项目，保险资金可以股权加债权的方式进行投资，该投资方式是股权和债权方式的结合，即采取某种股权方式 + 某种债权方式投资 PPP 项目。目前，作为最具现实意义的股债结合方式是，直接或通过基金以股权形式投资于项目资本金，同时向项目公司进行债权投资。若股权部分有施工、运营或者代表政府出资的平台公司回购承诺，则能够起到有效隔离项目风险的作用。

由于 PPP 项目同时具有股与债的特性，即使是债权投资人也需承担项目建设、运营服务质量不达标的风险，对于提供债权投资的金融机构而言，这不完全符合债性融资的特性。股权投资虽能分享 PPP 项目运营管理可能带来的超额收益，但需承担股东投资风险，而债权投资则需承担政府信用风险。

因此，股债结合投资方式的重点在于根据不同类型 PPP 项目的融资需求，设计合适的融资模式，并在 PPP 协议中明确约定不同投资阶段的还款资金来源。比如债权投资中需要厘清哪些项目是基于政府信用融资，哪些是基于参与主体信用融资，并在 PPP 协议中做出相应约定，而对于股权投资则需要在 PPP 协议中捆绑经营性项目运作等。

此外，股债结合的投资方式尚无合适的投资工具。根据 2016 年新出台

---

① 资料来源：国家发展改革委 . 政府和社会资本合作（PPP）典型案例：案例 1 北京地铁 4 号线项目 [J] . 中国工程咨询，2015（9）：23 - 26.

的《管理办法》，除股权和债权模式外，基础设施投资方式已增加 PPP 模式，但 PPP 支持计划工具和实施细则尚未出台，股债结合模式尚未有险资参与的公开落地案例。

三、保险资金参与 PPP 项目的其他形式

从理论上来说，在 PPP 项目全生命周期的不同时期，现金流的特点和风险收益也可能会有所不同。这需要匹配不同性质的资本，采取不同的融资方式进行融资。直接投资风险较高，不少 PPP 项目的前期准备和谈判过程较长，有的项目于准备阶段就已夭折，而且建设期往往风险较为突出。相比而言，间接投资往往具有相对的优势：一方面，在项目已进入稳定的运营期后启动，风险较小，可以满足保险资金投资安全性的需求，另一方面，因为其投资期限长，又可以满足保险资金投资长期性的需求。因此，保险资金除了可以在一级市场对 PPP 项目进行直接投资外，后期也可以通过在二级市场购买 PPP 项目相关金融产品的方式对其进行间接投资。国外经验表明，保险资金多通过购买二级市场债券等金融产品投资 PPP 项目，因为保险资金成本较低、偏好风险较低的产品，而二级市场上的 PPP 项目基本已避免了建设期风险，进入平稳运营期，资金置换有利于发挥各种类资金的不同优势，由此形成合力，促进 PPP 市场的健康发展。

此类保险资金间接投资 PPP 项目的方式包括对 PPP 运营主体发行的股票、公司债券或依据项目现金流收益发行的项目收益债券和资产证券化产品进行投资，例如购买 PPP 项目收益债、购买上市的 PPP 项目公司股票、购买 PPP 资产证券化产品，还包括对与 PPP 相关的股票债券投资组合的基金进行投资等。

这一间接投资的优点可以从以下两个方面反映出来：一是能够拓展保险资金参与 PPP 项目的投资渠道，使保险资金更加容易找到与自身要求相匹配的投资方式，且投资二级市场在一定程度上可以避免项目在直投过程中的项目失败风险；二是为前期已经参与到 PPP 项目股权投资的金融资产提供退出通道，由此可降低投资风险，增强 PPP 资产流动性，提高 PPP 投资的吸引力，有利于促进 PPP 市场的蓬勃发展。

这一投资方式的缺点主要表现在以下两个方面：一是目前我国 PPP 市场资产流动性较差，PPP 二级投资市场尚未培育成熟，项目收益债、资产证券化等金融工具的部分规定尚不符合 PPP 项目的特征；二是虽然间接投资的资金流动性比直接投资更强，但也可能存在其他风险，例如投资上市公司股票会受到系统风险的影响。

目前，实务中还未有保险资金通过购买 PPP 项目收益债、PPP 项目公司股票等金融产品，从而以间接投资方式参与 PPP 项目的实例。但我们预计，随着 PPP 资产证券化等二次融资的发展，未来市场上将出现较多的间接投资机会。

第三节
保险资金支持 PPP 项目发展的情况评估

保险资金支持 PPP 发展最早可以追溯到 2006 年，具体体现为保险资金允许投资于基础设施建设。目前，保险资金已经可以直接或间接地参与 PPP 项目，对 PPP 的发展起到了一定的作用。在此过程中，保险资金支持 PPP 的发展也呈现出一定特色。

一、随着规模的扩大，保险资金在支持基础设施建设方面发挥着越来越重要的作用

近年来，保险资金的规模不断扩大，实力不断增强，2004 年我国保险资金运用余额为 10 800 亿元，到 2018 年已经增长到 162 737 亿元。这表明保险业整体正处于繁荣上升的阶段，相应的保险资金的积累也在急速上升。在基础设施领域，2011 年保险资金投资于基础设施领域的金额为 1 430 亿元，到 2018 年已经增长到 14 558 亿元，年均增长 47.22%。一方面，基础设施投资在保险资金运用渠道中所占的比重从 2011 年的 2.63% 增长到 2018 年的 8.95%；另一方面，保险资金投资于基础设施的金额占全国基础设施总额的比重从 2011 年的 2.80% 增长到 2018 年的 10.02%。这说明，我国保险资金在投资时越来越重视基础设施方面的配置，其在全

国基础设施建设中的地位也越来越重要（见图2-2）。

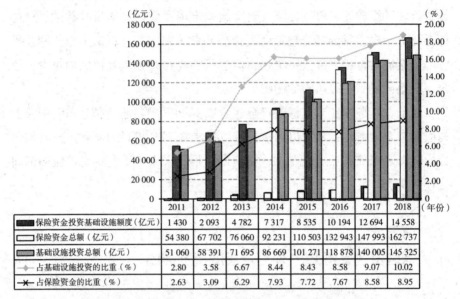

	2011	2012	2013	2014	2015	2016	2017	2018（年份）
■ 保险资金投资基础设施额度（亿元）	1 430	2 093	4 782	7 317	8 535	10 194	12 694	14 558
□ 保险资金总额（亿元）	54 380	67 702	76 060	92 231	110 503	132 943	147 993	162 737
▦ 基础设施投资总额（亿元）	51 060	58 391	71 695	86 669	101 271	118 878	140 005	145 325
◆ 占基础设施投资的比重（%）	2.80	3.58	6.67	8.44	8.43	8.58	9.07	10.02
✕ 占保险资金的比重（%）	2.63	3.09	6.29	7.93	7.72	7.67	8.58	8.95

图2-2　2011~2018年保险资金在基础设施领域的表现

资料来源：（1）保险资金和保险资金投资基础设施的数据来源于中国银保监会网站，基础设施投资额的数据来源于统计局网站；（2）2018年我国基础设施的数据统计局并未直接公布，该年度数据根据统计公报中"2018年基础设施投资较上年度增长3.8%"这一信息测算；（3）保险资金投资基础设施的数据主要是间接投资渠道。

近年来，保险资金努力发挥作用，在参与PPP模式方面开展了积极探索，呈现出以下特点：一是作为财务投资者投资PPP项目，如北京地铁16号线采用"PPP+保险股权投资"的复合模式；二是作为有限合伙人设立PPP基金，如2015年财政部联合10家金融机构设立了1 800亿元的中国PPP融资基金，国寿集团也出资上百亿元参与；三是作为风险管理者参与PPP项目，以风险管理角色积极参与PPP项目的全过程，比如通过提供建工险、企财险、责任险、意外险等险种，降低PPP各方风险，或者通过发挥信用保证保险的增信作用，降低PPP项目的融资成本。

二、中国保险资金支持PPP发展时，呈现出与发达经济体不尽相同的情形

在中国，政府的影响力显著强于许多发达经济体。因此，保险资金支

持 PPP 的方式和力度，包括运营过程受到宏观调控政策和监管制度更大的影响以及更强烈的政府引导。欧美等发达经济体保险资金的活动同样会受到政府政策的引导，但企业受政府的影响程度显著低于中国。

在政府监管政策的引导下，2006 年起，保险资金就开始通过债权计划、股权计划等方式大量参与基础设施建设，为中国的城镇化建设提供长期的低成本资金。在 2014 年的"新国十条"中，政府对保险资金运营的引导，表示保险资金可以通过债权、股权等方式投资基础设施建设。2017 年 5 月 4 日，中国保监会发布《指导意见》，首次明确："推进保险资金参与 PPP 项目和重大工程建设。支持符合条件的保险资产管理公司等专业管理机构，作为受托人发起设立基础设施投资计划，募集保险资金投资符合条件的 PPP 项目。在风险可控的前提下，调整 PPP 项目公司提供融资的主体资质、信用增级等监管要求，推动 PPP 项目融资模式创新"。

三、中国保险业的各项功能还未得到充分发挥，保险资金整体规模较小，支持 PPP 发展的力度和其他领域相比还有较大差距

中国自 2018 年开始成为仅次于美国的第二大保险大国，但远不是保险强国，一个重要的表现就是保险普及度较低，无论是以保险深度还是以保险密度来看，均低于发达国家，甚至低于全球平均水平（见表 2-1）。

表 2-1　　　　　2018 年中国和发达国家保险市场对比

类别	中国	美国	日本	英国	法国	世界合计/平均
保费收入（亿元）	5 748.77	14 693.75	4 406.48	3 365.10	2 579.63	51 932.25
保费占世界比重（%）	11.07	28.29	8.49	6.48	4.97	100
保费排名	2	1	3	4	5	–
保险深度（%）	4.22	7.48	8.86	10.61	8.89	6.09
保险密度（美元/人）	406	4 481	3 466	4 503	3 667	682

资料来源：瑞再研究院. 世界保险业：重心继续东移 [EB/OL]. 中国金融新闻网, 2019.

在资本市场上，保险的资金融通功能尚未得到明显的发挥。在以银行为主导的中国金融体系下，保险资金对推动中国资本市场的深化发展作用

有限。以股市为例，现阶段股市的投资者仍然以散户为主，近年来机构投资者持股比例快速上升，但与许多发达经济体相比，机构投资者加总后的持股比例仍然较低，只有20%左右，仅占A股流通股市值的1/3左右，而其中保险资金持股占A股总市值的比重还不到3%[①]。在债券市场上，保险公司于1998年作为商业银行和特殊结算会员之外的首个非银行机构投资者进入银行间债券市场。直至2012年，保险资金一直是债券市场上的第一大非银行机构投资者和第二大机构投资者，到2012年以后，这一地位被基金超越。这说明，在债券市场上保险资金作为机构投资者的重要性近年来明显下降。而在许多西方发达国家，保险资金都是最重要的机构投资者之一，在美国，保险资金甚至是具有系统重要性的机构投资者。

由于保险自身的不足，保险资金支持PPP的发展自然受到许多局限，与商业银行、基金等其他金融领域相比，还有一定的差距。

四、近年来中国保险资金运用渠道呈现出"脱实向虚"的现象，具有典型的初级阶段特征，支持 PPP 发展的整体行动力不强

近两年来，受我国经济运行下行、实体经济回报率走低和房地产价格上涨过快等因素影响，在保险资金运用上一度出现了"脱实向虚"的现象，和其他金融领域一样，表现在两个方面：一是资金在金融体系内部"空转"，或是进行套利活动没有进入实体经济，或是流转链条拉长，虽然最终可能进入了实体经济，但是提高了实体经济的融资成本；二是资金流入实体经济过程中存在配置错位，主要表现为资金过度流向房地产而没有流入制造业，推动了资产泡沫加剧，对实体经济产生了不利影响。造成这一现象的原因很复杂，其中与保险业仍处于发展的初级阶段不无相关。虽然保险业是资产和负债双驱动的行业，负债业务是根基，但有些保险公司经营理念有误，将资产业务看作是推动公司发展的唯一途径，过激的资金运用加剧了保险资金的"脱实向虚"。

从本质上看，保险资金"脱实向虚"的根源在于保险业"急功近利"

---

① 资料来源于弘君（北京）资产管理有限公司 2017 年度数据。

的思想作祟，持续寻求短期内盈利的渠道和方式。而 PPP 项目一般具有长期性，并且收益方式和收益率对比资本市场并不占绝对优势，在这种情况下，保险资金对 PPP 项目也就并不十分热衷。目前保险资金（尤其是大型保险机构）看重的并非单个 PPP 项目的资金收益，更多是出于战略投资布局的需要，通过与地方政府建立长期战略合作关系，为未来深度参与 PPP 项目积累投资经验、抢占市场先机。

第三章

保险资金支持 PPP 项目发展的
挑战、风险与政策障碍

➡ 第一节
保险资金参与 PPP 项目面临的挑战

　　在实践中，目前虽然各级政府都在大力推广 PPP 项目，但实际签约率低于预期，保险资金投资 PPP 项目仍然较少，处于起步阶段。2016 年中国保监会发布的《管理办法》虽然在一定程度上扫除了制度性障碍，保险资金具有参与 PPP 项目的动机，经过长时间的发展也摸索出了较为成熟的经验。但是，目前保险资金投资 PPP 项目仍存在一些问题。首先，由于传统内部信用评价机制难以对接 PPP 项目、保险资金对投资项目的增信要求较高，符合要求的 PPP 项目数量有限、保险资金对 PPP 项目风险管理能力有限及传统名股实债投资模式被禁止等方面的原因，导致现阶段保险投资方式较为传统，在很大程度上制约了其对 PPP 项目的参与度；其次，由于保险资金成本居高不下，与同业相比缺乏优势，而且 PPP 项目预期收益水平与保险资金较高的预期收益率不匹配，保险资金在参与 PPP 项目时缺乏成本优势，面临着激烈的竞争；再次，由于对保险业来说，PPP 项目是较为新颖的投资渠道，而且受限于自身投资能力，从整体上看，保险业缺乏PPP 项目全产业链布局和对 PPP 项目的管理意愿和能力；最后，由于 PPP项目是政府主导的项目，对市场参与者一般都具有较高的要求，保险资金想参与必须满足其较高的条件，这无形中会限制保险业的积极性。同时，

PPP 项目牵涉面广，保险资金参与往往要面临诸如银保监会、央行、财政部、国家发展改革委等相关主管部门的多重监管，这也在一定程度上加大了保险资金参与 PPP 项目的工作量。下面我们将详细分析保险资金参与 PPP 项目面临的困境。

一、保险投资方式较为传统，制约 PPP 项目的参与度

一是传统内部信用评价机制难以对接 PPP 项目。各保险资管公司现行的信用评价机制主要基于对融资主体的企业信用或政府信用，通过判断资产抵押、质押、担保等情况开展内部信用评估。而 PPP 项目是以自身运营收益来实现投资资金的保值增值的，即以项目本身的信用为导向进行评价。同时，PPP 大多为新建项目，经营情况预测缺乏历史数据参考，也没有明确的交易对手作为信用评价对象，难以满足保险资金作为财务投资方的信用要求。由此可见，如果保险资金要顺利参与和支持 PPP 项目，需要保险机构重新针对 PPP 项目建立信用评价机制。

二是保险资金对投资项目的增信要求较高，符合要求的 PPP 项目数量有限。根据 2015 年中国保监会关于印发《基础设施债权投资计划管理暂行规定》的通知，债权投资计划的信用增级方式包括 A、B、C 三类，具体形式上涵盖了特定主体的连带责任保证、上市公司股份质押担保、收费权质押担保、实物资产抵押担保等。但其中除 PPP 项目的收费权质押外，其余的担保措施对于一般的 PPP 项目公司自身而言都较难实现，必须依赖于其母公司（中选社会资本）的资信能力，而社会资本出于降低自身风险和负债率水平的角度考虑，通常也不再愿意为项目公司提供额外的担保，从而导致信用增级无法轻易实现。基于确保资金安全性的考虑，保险资金除要求项目主体的外部信用评级达到一定标准之外，还要求有进一步的增信机制，包括大型商业银行等金融机构担保、代表政府出资的平台公司担保、社会资本方的大型央（国）企担保等。以财政部第三批公布的 516 个入库 PPP 项目为例，投资规模在 20 亿元（含）以下的项目达 385 个，占比 74.61%。这部分项目因为规模小，其社会资本方或 PPP 项目公司方的信用条件与保险资金的信用要求有较大差距，能够满足保险公司信用要求

的项目并不多。此外，在实践中，保险公司往往要求合作方企业提供保证收益、承诺差额补足。由于PPP项目尚处于初期发展阶段，其未来收益存在很大的不确定性，因此，即使合作方企业为符合保险公司信用要求的企业，也往往不愿提供此类保底承诺。

三是保险资金对PPP项目的风险管理能力有限。PPP项目多为基础设施建设项目，资金需求量大、周期长、参与主体多、结构复杂。保险资金目前仅作为财务投资人，项目施工运营风险管控主要依靠政府信用和施工运营方。PPP推广时间短，目前市场上缺少成熟可借鉴的退出案例；PPP项目审批周期一般长于项目竞标期限，公司一旦中标便开始履行出资人义务，将面临监管审批/注册不成功和募集发行失败等风险，由此加大了保险资金参与项目的操作难度。

四是传统名股实债的投资模式已被禁止。在传统的险资股权投资模式中，基于保险资金的风险偏好，往往会通过结构化设计、差额补足、远期回购等安排，确保保险资金的投资安全性。但随着《资管新规》《中国保监会、财政部关于加强保险资金运用管理、支持防范化解地方政府债务风险的指导意见》等资管规定和相关PPP规范性文件的陆续出台，无论是在资管产品端还是在PPP项目端，类似"名股实债""保本保收益"的安排均已被明令禁止，这在一定程度上限制了保险资金参与PPP项目的渠道，降低了其参与PPP项目的积极性。

二、保险资金缺乏成本优势，面临激烈竞争

一是保险资金成本居高不下，与同业相比缺乏优势。当前，市场利率处于下行通道且资金总体宽裕，但行业保费却增长迅速，负债成本高企，有的万能险结算利率达到6%，再加上手续费、佣金等费用，资金成本在8%，有的甚至高达10%。与此同时，银行业三年期定存基准利率仅为2.75%；传统大型商业银行理财产品的预期收益回落较快，约为3.5%~4%；股份制商业银行理财产品的预期收益约为4.0%~4.5%；信托产品预期收益率约为6%~8%。由此可见，保险资金在参与PPP项目时的资金成本显著高于银行理财资金，与信托资金成本基本持平，没有明显的竞争优势。

二是 PPP 项目预期收益水平与保险资金较高的预期收益率不匹配。当前 PPP 项目总量大，但规模适合的优质项目较少，供不应求，在市场资金总量整体宽松的情况下，金融同业间竞争异常激烈，PPP 项目收益率普遍偏低。从目前中标的 PPP 项目来看，收益率约为 4.17%～4.66%，相对于保险负债端 4%～5% 甚至更高的成本来说，利差很小甚至为负。据保险资管公司反映，保险资金参与 PPP 项目是"承担股权投资风险，获取债权投资收益"。而参与 PPP 项目运营的企业则反映，保险资金收益基本要求在 5% 以上，与其很容易获得的银行贷款乃至政策性资金相比明显偏高。由此可见，资金供求双方难以对接。

三、保险业缺乏 PPP 项目全产业链布局和对 PPP 项目的管理意愿和能力

一是保险业缺乏 PPP 项目全产业链布局。从深度参与 PPP 项目全产业链条的角度考虑，保险业不具备优势。商业银行在参与 PPP 项目时可以参照信贷授信的模式，对项目本身和有关融资主体建立全流程风险管控机制；同时，各分支机构能够及时、准确了解和把握项目建设运营情况，掌控投资风险。部分大型金融控股集团更是可以通过控股、参股等形式，与大型建筑施工类企业建立战略合作关系，在参与 PPP 项目时，不仅提供融资服务，还承接项目施工和运营管理，由此可以形成较强的协同效应；通过施工利润和财务投资，能够分享 PPP 项目在全产业链上的收益。如中信集团为某中标 PPP 污水处理项目提供了融资服务，同时，其下属子公司中信水务在施工、建设和运营方面全方位与该 PPP 项目对接。这种全产业链模式不仅有利于项目的长期发展，更可降低资金风险。但对保险业来说，无论从管理体制上还是从人才储备上，与银行以及其他综合性金融集团相比，尚不具备从全产业链条上参与 PPP 项目管理的能力。

二是保险业缺乏对 PPP 项目的管理意愿和能力。在传统的类固收的投资思维模式下，金融机构尤其是保险公司都缺乏对于 PPP 项目的管理意愿，在与施工单位等产业投资人联合参与 PPP 项目投资时，往往也会通过一致行动协议等安排，将股东投票权等权利实际上让渡给产业投资人行使。同时，由

于保险机构缺少参与项目管理所需的必要机构和人员，也缺乏系统的管理能力和经验，导致在项目建设、运营发生风险或产生对其不利的事件时，无法采取有效的防范措施和应对手段，进而可能影响其投资的安全性。

四、保险资金参与的 PPP 项目需满足较高条件，且面临多重监管

根据《通知》的规定，保险资金采用基础设施投资计划方式进行投资的 PPP 项目，无论是项目规模和所处阶段、社会资本能力和信用评级、政府方级别和财政支付能力，还是项目现金流，均需满足较高的要求，该规定显然将导致相当一部分数量的 PPP 项目被排除在保险资金的投资范围之外。反过来看，符合上述条件的 PPP 项目通常又是各路金融机构眼中的"香饽饽"，而保险资金与其他金融资金相比往往缺少竞争力，这也是造成保险资金的 PPP 投资业务在实践中较为尴尬的重要原因之一。

由于保险资金参与 PPP 项目投资的行为涉及保险资金运用、资管产品、PPP 项目等多个领域，因此，需要同时满足多个主管部门的监管要求。例如，从保险资金的监管角度来看，其投资结构、投资模式、投资标的、参与主体等均需遵守保险资金的相关监管规定；从资管产品监管角度，除需同步适用《资管新规》外，还需依具体资管产品形式适用具体监管部门的细化性监管要求，如私募股权基金应同时遵守私募基金监管法规及基金业协会自律性规则及具体监管口径等。另外，从 PPP 项目的监管角度来看，则需要满足财政部、国家发展改革委等相关主管部门对于 PPP 项目的一系列合规性文件的要求。

➡ 第二节
保险资金参与 PPP 项目挑战的成因分析

导致保险资金参与 PPP 项目面临一系列问题的原因是多样的，大体可以归纳为以下几个方面：一是保险资金参与 PPP 竞争力不够，全面介入的增信条件有待完善，保险资金的总量相对较小，议价能力非常有限；二是

保险资金相对于项目的风险识别、计量和把控能力尚不足，对保险业来说 PPP 项目是一个较为前沿的投资渠道，现阶段相应的软硬件实力匹配度不高；三是利率下行为保险资金投资 PPP 项目带来新挑战，保险资金负债端成本居高不下，而资产端利率下行，导致对具有公益性质的 PPP 投资模式较难取舍；四是利益相关者的各种诉求为保险资金参与 PPP 建设带来一定风险，尤其是政治风险较为突出。五是其他因素。以下我们将进行详细分析。

一、保险资金参与 PPP 项目竞争力不够，全面介入的增信条件有待完善

险资参与 PPP 项目的竞争力不强。随着"资产荒"的加剧，各类金融机构的风险偏好较为接近，热点地区的 PPP 项目竞争较为激烈，而在同样可保证资金的前提下，保险资金对于担保和增信的要求较高，而在报价方面则竞争力较弱，使得一些项目难以落地，保险资金在 PPP 项目上有着来自多方其他机构的竞争，配置所面临的挑战日益增大。

险资全面介入 PPP 的增信条件还有待于完善。一方面，由于愿意做担保的合格机构比较缺乏，因此，对于保险机构来说，很多需要长期现金流的 PPP 项目，无法很好地解决增信的问题；另一方面，PPP 项目的期限一般是数十年，如果仅靠项目本身来确保投资收益的话，资金回报不确定性较大；而如果险资投资量较大的话，那么，保险公司对于当期收益以及后期的顺利退出的要求就会相应较高，而这些条件都尚未完全具备。

二、保险资金相对于项目的风险识别、计量和把控能力尚不足

自 2009 年和随后的 2010 年保险资金可以投资债权和股权计划以来，保险资金的债权和股权投资主要是基于对交易对手的风险识别、计量和把控，并通过强增信的方式降低资金运用风险。然而，PPP 模式投资主要是基于对项目风险的把控。不同于银行广泛的分支机构和较强的项目审核能力，保险资金在获取项目、审核项目及风险防范上与银行相比差距过大，无法形成集团化作战。过去，对于看不清、弄不懂的项目，保险资金通常

会很快放弃，而倾向于选择主体资质较好、交易结构简单、增信级别较高、基础资产清晰的项目进行投资。然而，随着 2014 年国务院《关于加强地方政府性债务管理的意见》的颁布，在基础设施建设领域，保险资金依赖的地方融资平台"弱主体、强担保"的模式不复存在，由此颠覆了保险资金过去的投资习惯。到 2015 年初，保险资金在选择项目时，已出现异常困难的局面：地方城市投资信用等级大幅下降，较难开展有效合作，而以基础资产自身为出发点的项目，又无法有效评估保险公司的投资能力；对于直接与政府开展 PPP 模式合作，更是无法深入了解行业，无法筛选项目、定价、建设和运营。

三、利率下行对保险资金投资 PPP 项目带来新挑战

总体而言，保险资金负债端成本居高不下，而资产端利率下行，导致对具有公益性质的 PPP 投资模式较难取舍。随着中国经济新常态的开始，增速换挡，利率下行已成趋势。国家在加速经济结构转型的同时，不断加大货币供给，解决实体经济融资难、融资贵的问题，保护整体经济的平稳运行。包括降息、降准、公开市场操作等在内的货币调节工具被频繁使用。2019 年 9 月 16 日，中国人民银行全面下调金融机构存款准备金率 0.5 个百分点，随之而来的是市场融资利率的整体下降，包括传统金融机构和新兴的 P2P 机构纷纷下调产品利率。而在流动性宽裕和利率不断下行的背景下，融资主体也放缓了提款节奏，已谈好的融资协议暂缓提款，要求重新谈判。于是，对于以固定收益投资为主的保险公司，在资产端寻找高收益品种的难度就越来越大。

按传统观点理解，总体上来看，降息对保险公司而言为利好。但在现实层面，保险资金尤其是寿险资金的负债却并未相应下降，主要是利率市场化和同质化竞争所致。各家保险公司为了通过传统险和分红险留住客户、吸引客户，并没有相应下调费率和分红率，加上居高不下的渠道销售费用，以趸缴为主的寿险资金综合成本普遍在每年 6% 左右。一面是资产端收益下降，一面是成本居高不下，让保险资金不得不选择风险更高的标的进行投资，甚至加大权益资产的比例，以风险换取更高的资产溢价。

PPP 模式投资的项目通常为政府公益类项目，项目收益相对较低。从财务角度来看，受上面所分析的因素影响，保险资金参与的动力不足，而对成本相对更低的银行等金融机构而言，则更加具有吸引力。

四、利益相关者的各种诉求为保险资金参与 PPP 建设带来一定的风险

成功的 PPP 项目离不开多方的参与合作，对项目多方利益主体的利益分配尤为重要。保险公司属于 PPP 项目社会资本中的金融机构，它不仅为整个工程建设增加了融资保障，同时也与公共部门及其他社会资本形成独立的利益分割方，利益相关者的参与将对 PPP 项目的经营状况产生显著影响。

作为 PPP 项目的投资方，保险公司在维护资金的安全性方面承担着重要责任，因而受到比其他社会资本的投资更为严格的监管。保险资金从参与 PPP 项目到退出或项目终止，一旦遇到项目管理资源不足或缺乏经验的情况，就会形成延迟和中断，增大保险公司获利的风险和交易成本，这就在客观上要求保险公司自身不仅要具备相当的专业能力素质，而且对项目关联信息的掌握和科学评估必须到位。应当说，在 PPP 项目的全寿命周期中，经纪人组织起到了联络沟通的桥梁作用，为各部门搭建了坚实的合作平台，有效降低了交易成本，化解了相关风险。

五、其他因素

首先，合同本身的不完备性和履约过程中的不确定性都会提高项目的风险。合同柔性、自身处理问题的灵活程度及快速响应能力是解决项目不确定性风险的重要方法。合同柔性作为应对项目不确定性的有效工具，是项目治理的重要组成部分。这种契约特征中的隐性资源，使项目具备有效调动项目各参与方以适应情景突变的能力。从实践来看，多数项目都是按照规定设计有序展开的，当面临不确定性因素干扰时，规避风险的有效方法就显得尤为重要。一般而言，降低风险的重要因素体现在对突发事件的把控与处理上。因此，在注重结构性合同的同时，更应注重合同柔性，这

有助于重新界定项目风险与各个时点发生的不确定风险。

其次，一些外部因素，包括制度保障力、监管约束力和市场促进力等也会影响 PPP 项目的成功率。形成外部影响因素的主要原因是我国统一的相关法律法规出台缓慢、体系尚不完善，各地方管理条例规定尺度各异、难以统一，一旦矛盾产生，各地方对法律条款都会做出不同解读，这必然会导致不公平现象的发生。同时，对 PPP 项目的发展缺乏提供统一扶持的主导机构也是问题之一。

最后，工程建设过程中可能产生的腐败问题，在一定程度上降低了保险资金的安全水平。比如"一带一路"建设涉及的 PPP 项目基础建设工程量大、金额高，更易为腐败创造肥沃的土壤。为了防止此类事件的发生，可考虑应用生命周期理论，设计 PPP 项目全生命周期的跟踪审计模式。在公共基础设施项目采购过程中，应努力识别风险，降低因风险导致的交易成本。在外部环境的影响和制约下，保险资金投入 PPP 项目需要克服腐败等内在阻力，降低工程风险。

➡ 第三节
保险资金支持 PPP 项目发展面临的主要风险

保险资金参与 PPP 项目有着特有的优势，但在参与过程中也面临着许多风险，这主要体现在三个方面：一是政策风险，包括政府不当参与、PPP 项目特许经营唯一性难以保证、对社会资本的定义不够清晰、公共产品无法实现自由定价及税收政策缺乏统一解释等方面的问题；二是违约风险，包括政府违约风险和社会资本投资人的违约风险，一旦发生都会对项目参与方造成巨大的损失；三是运营风险，包括市场需求变化风险、项目管理风险和流动性风险，是项目运行过程中面临的最常见的风险。以下做深入分析。

一、政策风险是保险资金参与 PPP 项目面临的最主要风险

由于目前投融资体制改革不到位、政府职能转变滞后、社会资本投资权益保障制度缺失、项目参与各方信用履约机制不健全等原因，使得 PPP

模式在推广应用中尚存在不少突出问题。保险资金参与 PPP，应高度关注目前 PPP 市场存在的不规范行为。具体来说，政策风险主要体现在以下几个方面：一是政府不当参与。现有政策要求政府在 PPP 项目中主要负责政策设计环节，为企业提供稳定良性的运营环境，而不是承担商业运作的角色。政府的参与的确大大降低了 PPP 项目的运营风险，但是政府在此类项目中参与的程度如果把握不当，将会导致政企不分，市场化运作难以推进，最终导致 PPP 项目的失败；二是 PPP 项目特许经营唯一性难以保证。PPP 项目的运营企业与当地政府通过谈判取得项目未来 20～30 年的特许经营权，但是目前的政策，还没有对特许经营权的唯一性提出较为明确的规定，一旦将来项目经营的唯一性丢失，项目的预期收益将大打折扣；三是对社会资本的定义不够清晰。当前政策将 PPP 模式中的社会资本定义为："不包括本级政府所属融资平台公司及其他国有控股企业"，但是对于非本级政府的国有企业是否属于社会资本尚不清楚。从现有落实项目来看，PPP 项目引入的社会资本多数依然是国有企业；四是公共产品无法实现自由定价。PPP 项目主要是解决公共产品供给不足问题，而公共产品的价格一般都是由当地物价部门统一规定，企业无法根据市场变化灵活定价，企业正常利润可能难以得到保证，长期下去企业可能面临难以正常运行的情况；五是税收政策缺乏统一解释。在实际 PPP 项目操作中，经常会发现涉税问题分布在多个税法条例中，而各个税法条例对同一事项又做出了相互矛盾的规定，当前财政部仅仅对其中的某些争议条款进行了解释，但是还有更多相互冲突的条款依然存在①。

这些风险的存在，也是现阶段保险资金参与 PPP 项目积极性不高的最主要原因，作为 PPP 项目参与者的弱势群体，一旦发生这些风险，对保险机构而言往往是无解的。

二、违约风险是保险资金参与 PPP 项目面临的损失最大的风险

PPP 项目的违约风险不仅是指政府违约风险，也包括社会资本投资人

---

① 王彦.保险资金参与 PPP 项目的风险及防范措施［J］.时代金融，2018（12）：237 - 238.

的违约风险。所谓政府违约风险是指政府不按照约定履行相应的义务而给 PPP 项目带来的损害。政府作为 PPP 项目的发起者与担保者，对于项目的顺利推进起到十分重要的作用，如果地方政府财政收入减少，又没有中长期预算制的支持，财政赤字不断增加，还款能力逐渐下降，加之有些地方政府的契约精神不足，在 PPP 项目合作过程中就可能出现违约现象。所谓社会资本投资人的违约风险，是指 PPP 项目中，社会资本承担了投融资、建设、运营、维护等绝大部分工作，这些众多参与者（包括投资者、运营商、原材料供应商、维护商等）的资产负债情况，技术水平情况等都存在一定的差距，如果其中的任何一方出现违约情况，都会影响整个 PPP 项目的顺利推进。

随着地方政府债务压力的上升，尤其要警惕违约风险。过去，在信用扩张期出现集中违约的可能性较低，未来信用扩张速度减慢后，由于非标产品（目前险资参与 PPP 都是另类投资，即非标产品）的流动性较弱，需要警惕集中出现的违约风险。不管是政府违约还是社会资本投资人违约，都会导致 PPP 项目终止/中止，因为 PPP 项目的标的一般都比较大，一旦停工，所产生的损失无疑是巨大的，保险资金参与 PPP 项目，最需要谨防此类风险的发生。

三、运营风险是保险资金参与 PPP 项目面临的最常见风险

运营风险又称操作风险，是指在基础设施项目的经营状况或服务提供过程中受到各种不利因素的影响，最终使得项目的盈利能力达不到预期水平。主要有以下几个方面：一是市场需求变化风险。该风险是指由于社会经济、资源环境、人口数量以及法律政策等因素的变化导致项目当初的市场预测与实际需求之间出现较大反差而导致的风险；二是项目管理风险。对于保险公司而言，参与 PPP 项目之后，不能仅作为简单的投资者，还应当积极有效地参与项目管理，而对保险公司而言，这方面的人才较为短缺，需要在实践中逐步增强相应的投资管理能力，如果只是单纯地将项目交给第三方管理，将难以保证自己的权益。目前与项目管理相关的人才储备和管理经验，对于保险公司来说都是较大的挑战，需要有一个逐步增强

投资管理能力与经验的过程。保险公司具备了相应的条件后，才能在该领域发挥更大的作用；三是流动性风险。虽然保险资金的投资期限可长达 10 年以上，正常情况下通常不会出现流动性风险，但是保险公司毕竟属于负债经营性企业，如果投资的时候没有很好地将资产与负债进行期限匹配，那么，一旦发生重大自然灾害或意外事故，保险公司面临短期集中大量赔偿的情况，就有可能出现一定的流动性风险，甚至会影响整个保险公司的正常运行①；四是项目选择风险。由于保险资金在进行投资时，除了考虑到扶持实体经济之外，也需要实现保险资金的保值增值，尤其是增值部分，因此，项目本身未来能否带来可观的收益是衡量运营风险的核心。

运营风险贯穿保险资金参与 PPP 项目的整个生命周期，它会随着市场情况、PPP 项目开展情况和保险公司自身发展情况的变化而变化，因此，需要保险公司时刻关注。

➡ 第四节
保险资金支持 PPP 项目发展存在的政策障碍

保险资金参与 PPP 项目除面临的挑战和风险之外，现阶段还存在一些政策障碍，以下我们将从三个方面进行详细分析。

一、与基础设施债权计划相关的管理规则有待完善

保险资金参与 PPP 项目的最常见方式之一是债权计划，但现阶段相关政策还不完善。中国保监会发布的《保险资金间接投资基础设施项目管理办法》已于 2016 年 8 月 1 日起正式实施，但配套的《基础设施债权投资计划管理暂行规定》一直没有完成重新修订工作，一些管理规则有待完善，以适应保险资金投资 PPP 项目的需要，这种情况主要表现在以下两个方面：

一是融资主体免于增信的条件有待完善。根据《基础设施债权投资计

---

① 周海珍. 保险资金参与 PPP 项目的风险及控制［J］. 中国保险，2017（2）：19 - 21.

划管理暂行规定》，债权投资计划的增信要求标准非常高，对方式手段的要求非常严。保险债权投资计划这一产品形式与银行开发贷、经营贷或项目融资等产品类似，在项目运作过程中，保险债权投资计划与银行不可避免地会出现竞争关系，尤其是部分优质项目，银行经常直接提供贷款以获得息差，而不是倾向于为保险债权投资计划提供融资担保以赚取担保费。可见，在当前加强地方政府投融资平台、大型企业担保管理的背景下，A类和B类增信（约占全部的90%）变得更加困难，并成为制约保险资金投资PPP项目的重要因素。虽然《基础设施债权投资计划管理暂行规定》也规定了免增信条件，但要求太苛刻，在实践中很难达到。比如，中国保监会《关于债权投资计划投资重大工程有关事项的通知》规定"债权投资计划投资经国务院或国务院主管部门核准的重大工程，且偿债主体具有AAA级长期信用级别的，可免于信用增级。"在实践中，这一豁免方式很少能够用到。

二是投资计划资金用途有待拓宽。根据《基础设施债权投资计划管理暂行规定》，基础设施债权投资计划资金只能投资于一个或同类型的一组基础设施项目。随着国内基础设施建设对质量要求越来越高以及国有企业改革、供给侧结构性改革的持续深化，企业的重组、并购融资需求增加。由于债权投资计划在资金用途上的限制，保险资金不得不借助信托等其他渠道，满足这些新增的重组、并购融资需求，这不但限制了债权投资计划产品本身的发展，而且增加了融资主体的成本。由此可见，除项目融资外，债权投资计划资金的用途有待进一步拓宽，以适应保险资金参与PPP项目的新需求。

二、保险资金投资股权的范围有待进一步扩大

股权计划也是保险资金参与PPP项目的主要方式之一，但现阶段保险资金投资股权计划的相关规定还相对保守，不利于保险资金更加顺畅地参与到PPP项目中，这主要表现在以下几个方面：

第一，间接投资股权的范围有待放开。根据《保险资金投资股权暂行办法》的规定，"间接投资股权，是指保险公司可投资股权投资管理机构

发起设立的股权投资基金等相关金融产品。"在实践中，为控制风险，私募基金存在多种投资方式，既包括股权投资，也包括以委托贷款等形式的债权投资。目前，基金协会对私募基金实行分类备案，备案为股权投资基金管理人的投资机构仅能发起设立以股权为主的私募基金，备案为其他类基金管理人的投资机构发起设立以债权为主的私募基金。但目前间接投资股权的范围仅限于股权投资基金，如果范围进一步开放，允许保险资金投资备案为其他类基金管理的投资机构发起设立的投资基金，则保险资金可以进一步投资于以债权为主的私募基金，从而有利于保险资金更好地参与到 PPP 项目中。

第二，直接投资股权的范围有待进一步开放。《保险资金投资股权暂行办法》规定，"保险资金直接投资股权，仅限于保险类企业、非保险类金融企业和与保险业务相关的养老、医疗、汽车服务等企业的股权。"2012 年《关于保险资金投资股权和不动产有关问题的通知》规定了保险资金直接投资股权的范围，并明确了保险资金进行投资股权的具体要求如下：保险资金可以投资于能源企业、资源企业和与保险业务相关的现代农业企业、新型商贸流通企业的股权，且该股权指向的标的企业应当符合国家宏观政策和产业政策，具有稳定的现金流和良好的经济效益。由于保险资金的直接投资股权仅限于上述范围，装备及制造、大消费、媒体信息及通信服务等行业企业尚未纳入保险资金可以直接投资股权的范围。这些行业涵盖众多发展前景良好、财务指标健康、风险收益较高的投资标的。因此，基于安全、价值投资的原则，有必要适度放开直接投资股权投资范围。

第三，放宽对保险股权投资的审批制。目前保险股权投资计划和保险私募基金产品都需要中国银保监会审批，虽然有利于风险防范，但在一定程度上降低了保险股权投资的效率。因此，随着市场主体自身风险防范意识和能力的加强，监管部门可以考虑适时放宽股权投资产品的审批权限，改为保险资产管理行业协会备案制度，以提高效率。

三、PPP 项目相关政策法规有待完善

一是涉及 PPP 投资模式的法律法规体系尚未完全建立，我国还未出台

专门针对 PPP 项目的法律，只有以各主管部委名义下发的规章制度，法律效力不足；且相关部委配套政策措施缺乏统一性，制约了社会资本的参与意愿。

二是保险资金投资监管要求与 PPP 政策要求存在矛盾。保险资金以债权投资计划方式参与 PPP 项目时，要求"明确增信安排"和"退出机制"，与财政部《关于进一步做好政府和社会资本合作项目示范工作的通知》中禁止地方政府通过保底承诺、回购安排、明股实债等方式进行变相融资的规定存在一定的矛盾。在这种情况下，保险资金在参与 PPP 项目时，只能依靠社会资本方或项目公司来满足险资的"增信安排和退出机制"要求，由此加大了保险资金参与 PPP 项目的落地难度。

三是在《管理办法》中，将 PPP 单独列为一种可行的投资模式，支持各保险机构在风险可控的前提下参与，但目前暂未出台专门的指导性文件或操作指引。

四是"偿二代"体系对保险资金直接参与 PPP 股权投资的风险资本要求较高。PPP 项目公司股权投资通常属于未上市股权，在"偿二代"体系下，保险资金进入 PPP 项目会占用公司较多的风险资本。与此同时，PPP 项目主要集中于基础设施建设领域，其投资具有长期性和稳定性，但收益率一般不高。在"偿二代"体系下，短期内保险资金进入 PPP 项目对保险公司的偿付能力会产生负面影响，由此降低了保险资金以股权方式参与 PPP 项目投资的积极性。

五是现有政策限制了保险资金在 PPP 项目中的投资。根据目前的监管规定，保险资金投资基础设施仅限于国家级、省部级和地市级层面，无法涉足更低层级；投资不动产不能涉及土地一级开发。监管的目的是为规避保险资金的运用风险，保障保险资金的安全性，然而，经过多年的城镇化建设，高级别的项目大部分已开展或被银行等更强势的金融机构把控。2018 年保险行业资产总规模刚到 18.33 万亿元，尚不及银行业超 260 万亿元总规模的 7%。从保险资金的投资边界、项目获取能力及议价能力等方面来看，保险资金想从政府手中拿到高级别的 PPP 项目难度非常大。

第四章

保险资金支持 PPP 发展的
国际经验与教训

➡ 第一节
国际保险资金参与 PPP 项目的一般分析

PPP 模式起源于 20 世纪 70 年代的英国，由于其很好地解决了公共物品的市场供给方式问题而被世界各国广为接受，现阶段已经在全球范围内迅猛发展。从适用的领域看，大多数国家的 PPP 项目主要集中在基础设施领域，包括交通、通信、能源、市政、环保、学校、医院等。欧盟特别是英国，除上述领域外，还包括国防、卫生、文化和教育等。从管理机构看，各国国家层面都会设置一个 PPP 中心，通常设置在财政部，对 PPP 项目进行统一管理。从融资渠道看，PPP 融资主要通过银行贷款、出口信贷、资本市场、国际银团贷款、国际金融机构/多边代理机构、外国政府援助贷款、租赁公司、公共基金机构等。从融资结构看，国际上 PPP 项目的资金一般以债务融资为主，债务融资以长期银行借款为主，融资成本相对较低。从盈利模式看，国际上 PPP 项目融资方式主要有三种，一是政府承诺差额补贴，二是项目收入以及项目衍生业务收入，三是完全来自政府补贴。以下我们将从国际化的视角探讨 PPP 模式、保险资金参与 PPP 的具体情况，并对其典型做法进行深入分析。

一、国外 PPP 项目模式的投资情况

目前，西方发达国家如英国、澳大利亚、西班牙和德国的 PPP 市场发

展和管理水平最为发达。整体来看，各国在国家层面都会设置一个 PPP 中心，通常设置在财政部（德国、韩国设置在财政部之外），主要是为了有助于 PPP 与其他财政支出、政府债务的统筹管理，PPP 中心的职责主要包括以下几项：第一，PPP 相关政策制定和推广；第二，审核 PPP 项目模式的适用性；第三，为 PPP 项目的各方参与者提供技术支持；第四，为政府部门提供后援支持，加强其对 PPP 的认知；第五，构建 PPP 项目融资平台，增强投资人的信心；第六，建立公开透明的 PPP 信息平台，发布相关政策和项目信息。在地方层面，许多国家，如英国、澳大利亚、巴西、德国、印度和墨西哥等，也会根据其经济规模和结构设置 PPP 中心。

融资模式及特点。在国际上，PPP 融资渠道主要有银行贷款、出口信贷、资本市场、国际银团贷款、国际金融机构/多边代理机构、外国政府援助贷款、租赁公司、公共基金机构等，其中保险资金的融资渠道归属于公共基金机构，各融资渠道的主要特点如表 4－1 所示：

表 4－1   **国际 PPP 的融资渠道及特点**

融资渠道	融资特点
银行贷款	最基本且重要的债务融资模式，其中绿色贷款或开放性金融利率较低；内部决策复杂，通常附有限制条件
出口信贷	利率低，效率低，有政治色彩
资本市场（发行股票或债券）	定价优惠、发行费用低，无须政治担保，比商业银行贷款期限长，限制条件少。但因投资风险较大，项目总公司在建设前期融资比较困难
国际银团贷款（辛迪加贷款）	金额大，期限长，利用借款人扩大知名度，优势条件严苛。整体上非常适合项目融资
国际金融机构/多边代理机构	如世界银行、亚洲开发银行等，低利率，但手续冗长
外国政府援助贷款	低息贷款，无息贷款
租赁公司	通过融资租赁的方式，解决项目所需的大型设备
公共基金机构	保险资金，养老金等机构投资者

资料来源：王守清，柯永建. 特许经营项目融资（BOT、PFI 和 PPP）[M]. 北京：清华大学出版社，2008.

融资结构特点。不同于传统融资或企业融资，PPP 融资属于无追索权或有限追索权的项目融资。在融资结构上有以下三个方面的特点：一是自有资金投入较少，以债务融资为主。项目公司平均自有资金即权益占比一般不超过 30%，其余 70% 来自外部负债融资。在发达国家，项目公司权益占比可低至 5%~10%，在发展中国家，项目公司权益占比通常在 10%~30%；二是债务融资以长期的银行借款为主。理论上讲，PPP 融资渠道多样，包括银行贷款、出口信贷、项目债券、资产证券化、金融产品等，但现实中银行长期借款占到总融资额的 80% 以上，且贷款期限一般都在 10 年以上。其他运用较多的债务融资方式还包括发行企业债券等；三是融资成本相对较低。PPP 项目属于公益项目，且有政府部门直接参与，通常都会有政府对项目债务的隐形支持。由于有政府的信用背书，因此，项目公司容易以较低的成本拿到借款。一般利率水平接近或略高于同期国债，整体看比一般的商业银行贷款利率要低。

PPP 盈利模式。由于 PPP 项目一般为公益类项目，除项目自身产生的现金流外，通常都有政府的回购及补贴，以确保私营部门的盈利，但盈利水平通常不高。具体来看，盈利模式主要有以下三种：第一，政府承诺差额补贴。此种模式为 PPP 项目常见的盈利模式，比如马来西亚的南北高速公路项目，收入主要靠过路费，如果实际流量不足导致收费低于合同中约定的最低水平，政府承诺补齐差额。第二，项目收入以及项目衍生业务收入。项目衍生业务开发，须经政府特许。比如香港地铁建设，根据特许经营权协议，地铁公司具有票价决定权和地铁沿线的地产开发权。地铁公司的收入一方面来自地铁票；另一方面来自建设各类大型住宅、写字楼和商场的获利，后者实际上是地铁公司的主要获利来源。第三，盈利完全来自政府补贴。比如南非首条城际铁路豪登快铁项目，其所有的运营收入均进入政府财政，政府仅固定支付项目公司保本运量所对应的收入。但项目的电力成本由政府负担，在一定程度上降低了项目的运营风险。

二、国际保险资金参与 PPP 项目的情况

相对于国内保险资金在基础设施领域的投资，国外保险资金包括养老金在内的资金在这方面起步更早，也积累了丰富的经验。金融危机之后，国外银行开始了"去杠杆化"进程，对需要中长期贷款支持的基础设施投

资力度明显减弱。与此同时，具有中长期负债久期特征的保险资金逐渐站上舞台，在一定程度上取代了原来由银行扮演的资金供应方角色。各国保险资金投资基础设施差异较大，西方国家尤其是在 PPP 模式相对成熟的国家如加拿大和澳大利亚，保险资金投资 PPP 的规模较高，其中加拿大养老金投资基础设施的比例目前已经达到 16% 以上（尹卫，2015）。在基础设施投资工具方面，不同于国内，国外更加多元化，包括直接股权投资基础设施产业基金、结构化产品、保证债券等，具体分述如下：

第一，债权类投资。由地方政府或企业为主体型债券或债权计划，包括基于主体信用的品种和基于项目风险的品种，如英国 PPP 债券即为该国较为普遍的基础设施类融资工具。

第二，基础设施产业基金。基础设施产业基金兴起于 20 世纪 90 年代中期的澳大利亚，随后开始在欧洲和北美快速发展。这类基金包括上市股权基金、未上市股权基金、夹层基金和债权基金，为中小保险公司和养老金机构参与基础设施领域的投资打开了一条通道。

第三，直接项目投资。对于大型保险公司和养老金机构而言，凭借其雄厚的资金实力、项目获取能力、议价能力和风险管控能力，它们更热衷于以单一主体的身份直接参与基础设施项目的股权投资。

在各类工具的资产配置比例方面，目前国外保险资金以直接投资的未上市股权为最多。但这种趋势未来将有所改变，这主要是因为正在全球推进的、强调负债以公允价值计量的会计体系中，保险公司为使资产负债相匹配，减少偿付能力风险，倾向于同样采取公允价值计量的间接投资。从投资基础设施项目的阶段来看，国外保险资金根据风险偏好，可以选择开发阶段或者运营阶段的项目。与国内基础设施项目一样，收益方式可以是项目未来的净现金流，也可以由偿债主体自身进行支付。在增信机制上，与国内稍有不同的是，国外可以由保险公司通过保险合同对债务本息进行全额不可撤销连带责任保证担保。

三、发达国家保险资金参与 PPP 项目的典型做法

PPP 模式起源于 20 世纪 70 年代的英国，英国也是目前世界上 PPP 规

模最大、运用领域最广的国家之一。英国保险资金参与 PPP 项目主要有以下几方面的做法。首先，积极引导保险资金参与 PPP 项目。PPP 项目投资巨大、回报周期长、收益不高但相对平稳，这与保险资金期限长、规模较大的特性十分吻合，世界等国普遍将保险资金作为 PPP 项目的主融资渠道之一，积极引导保险资金进入 PPP 领域。其次，高效的管理部门、完善的法律体系和良好的协调机制，是英国 PPP 模式有效运作的基础。最后，首选需求长期稳定、价格调整机制灵活、盈利属性偏强的准经营性项目进行 PPP 运作，完善保险资金参与的激励机制。

加拿大和澳大利亚分别从 21 世纪初和 20 世纪 90 年代开始推广 PPP 模式，目前均取得稳步发展，即使面临金融危机，加拿大和澳大利亚的 PPP 项目也在市场上发挥着强大的影响力，并且在世界范围内名列前茅，2015 年的投资比例分别为 6.6% 和 8.6%，远超过全球 1% 的平均水平[①]。到 2018 年，这一比例分别上升为 8.17% 和 9.24%[②]。加拿大和澳大利亚 PPP 项目的成功，离不开多元的融资渠道，其中养老基金作为投资者参与基础设施建设投资，为 PPP 项目引入了较长期限的资金来源，减少期限错配的情况。在基本养老金参与 PPP 项目的过程中，加拿大和澳大利亚的做法值得我国借鉴。本章接下来就以加拿大和澳大利亚两国的养老金投资 PPP 项目为例，分析保险资金支持 PPP 项目发展的典型做法。

➡️ 第二节
加拿大和澳大利亚养老金投资 PPP 项目的模式分析

从国际上来看，由于保险资金进入 PPP 项目尚处于探索阶段，运营模式的实践验证尚不成熟。保险公司对于 PPP 项目的预期投资收益比以及项目风险的评估都相对保守，这在一定程度上影响了保险资金的投资规模。

---

① Alonso, Javier, Arellano, Alfonso, Tuesta, David. Factors that impact on pension fund investments in infrastructure under the current global financial regulation [J]. Journal of plastic reconstructive & aesthetic surgery, 2015, 61 (9): 1111–1113.

② 2019 PIAC. Composite Asset Mix Reports (1990~2019) [R/OL]. https: //www.piacweb.org/ publications/asset-mix-report.html.

同时，相关的客观条件诸如法律法规和制度尚不完善、相关人员的专业水平参差不齐等，也在一定程度上增加了保险资金投资 PPP 项目的风险。因此，现阶段保险资金参与 PPP 项目的实践经验较少，可直接借鉴的案例有限。考虑到养老保险基金和商业保险资金性质较为类似，而且国际上养老金参与 PPP 项目有一定的探索，本节就以养老金投资 PPP 项目为例分析保险资金支持 PPP 项目的国际经验。

一、养老基金概况

和中国一样，加拿大养老金制度也分为三个层次，分别是第一层次的老年收入保障计划（old age security，OAS）、第二层次的加拿大养老金计划（canada pension plan，CPP）和第三层次的包括各种由雇主自愿发起的职业养老金计划和由税务总局注册并监管的个人储蓄养老金计划。从基金类型看，绝大多数加拿大养老金制度采用的是 DB（defined benefit，收益固定）模式，96% 的养老金资产存在于 DB 型养老基金中。从总体发展看，2018 年加拿大养老基金资产的总规模约为 2.09 万亿美元，占 GDP 的比例为 118.36%。在 2006~2018 年的年均增速为 7.3%，超过全球 6.0% 的平均水平。同时，加拿大目前也有一些超大型的公共养老基金，在全球前 100 只养老基金中占 7 只，前 300 只中占 19 只，合计管理资产为 6 700 亿美元，在全球 300 只养老基金中的市场份额为 5.6%，如此庞大的养老基金规模、健全的治理体制和管理运营能力都为其投资 PPP 基础设施项目提供了可能①。尽管世界各国的养老基金大多数并未成为基础设施项目的投资者，但在过去数十年里，加拿大养老基金在基础设施投资领域却异军突起，诸如英国高速铁路、墨尔本的收费公路等交通设施，都是由加拿大养老基金投资完成的。

澳大利亚是典型的三支柱养老金体系：第一支柱基础养老金是覆盖澳大利亚全体国民的基本养老金（age pension）；第二支柱补充养老金计划是雇主强制缴费的超级年金（superannuation guarantee）；第三支柱个人养老

---

① 资料来源于加拿大养老基金投资协会（PIAC）官方网站。

储蓄主要是自愿型超级年金（voluntary superannuation）；另外，澳大利亚政府成立了澳大利亚未来基金作为储备养老金以应对未来可能出现的养老金支付缺口，缓解财政压力。澳大利亚于 1991 年通过了《超级年金担保法案》，建立了"强制缴费、完全积累和市场化投资运营的职业养老金制度——超级年金制度，包括公司基金、行业基金、公共部门基金、零售基金、小型基金和自我管理基金六类管理实体"。从基金类型看，澳大利亚超级年金采取 DC（defined contribution，固定缴费）型、DB 型和混合型三类基金在市场中相互竞争，但 90% 的养老金资产存在于 DC 型养老基金中。从总体发展看，2015 年澳大利亚养老基金资产的总规模约为 1.87 万亿美元，目前全球排名第四位，规模排名仅次于美国、日本和英国，占 GDP 的比例高达 130%[①]。目前，澳大利亚已有 5 只养老基金排进全球 100 名，16只排进全球 300 名，合计管理资产在全球 300 只养老基金中的市场份额为3.4%，如此快速的增长和庞大的养老基金规模同样为其投资 PPP 基础设施项目提供了可能[②]。

二、PPP 项目市场相关情况

（一）加拿大 PPP 项目情况

历史上，加拿大的基础设施投资责任由各级政府共同分担，利用公款直接投资于高速公路、桥梁、港口、运河等基础设施项目的建造和维护。但在 20 世纪 90 年代，政府财政恶化和公共债务水平上升，被迫开始运用PPP 模式为基础设施项目融资。2003 年，加拿大工业部出版了《对应公共部门成本——加拿大最佳实践指引》和《PPP 公共部门物有所值评估指引》。2008 年，加拿大政府又组建了国家层级的 PPP 中心（即 PPP Canada），该中心是一个专门负责协助政府推广和宣传 PPP 模式、参与具体 PPP 项目开发和实施的国有公司。同时，加拿大政府还设立了总额 12.5 亿美元的 PPP

---

① 资料来源：Jones Day 网站。
② 袁中美. 养老基金投资 PPP 基础设施项目的国际比较及启示 [J]. 当代经济管理，2016，38（9）：77–83.

中心基金，将为 PPP 项目提供 25% 的直接资金支持。据统计，1991 ~ 2016 年加拿大启动 248 个 PPP 项目，总价值超过 1 197. 34 亿美元，涉及交通、教育、医疗、住房和国防等十几个行业，整个加拿大 PPP 市场成熟规范、经验丰富、服务效率和交易成本优势显著①。

加拿大的 PPP 市场是世界上最稳定、先进和繁荣的 PPP 市场之一。各级政府都付出相当多的资源，运用 PPP 模式解决发展基础设施所面临的资金缺口和高效地提供公共服务。在责任界定方面。加拿大 PPP 项目具体的运作过程由私人部门全权负责，可以避免由不同社会资本方负责某个阶段导致的不稳定性和推卸责任；在 PPP 项目完工之前，政府没有任何支付责任，PPP 项目建设完成并且达到事先约定的服务标准后，政府会履行支付责任，但支付期限延伸到项目的整个生命周期。在法律顶层设计方面。加拿大各级政府积极制定基础设施规划，不断完善 PPP 项目采购流程。在管理体制方面。加拿大 PPP 中心为加拿大联邦政府所有，实行市场化的商业模式运作，其职责类似于英国的基础设施局（Infrastructure UK，IUK），主要负责 PPP 模式的推广宣传、政策指导与技术援助，同时负责审核联邦级 PPP 项目。加拿大 PPP 中心下设"加拿大 P3 基金"，提供最高不超过项目投资额 25% 的资金支持。另外，加拿大各级政府通过制定基础设施规划，不断完善 PPP 项目采购流程。

（二）澳大利亚 PPP 项目情况

澳大利亚也是联邦国家，在 1989 ~ 1990 年的经济衰退后，澳大利亚基础设施开始改革和私有化，主要在能源、交通和通信部门引入私人资本，成为最早在大型基础设施项目领域采用公私合作模式的国家。2008 年，澳大利亚政府还组建了全国层面的 PPP 管理机构——澳大利亚基础设施和区域发展部（Department of Infrastructure and Regional Development）。该部负责统计全国各级政府基础设施建设需求并出台指引政策，业务不限于 PPP，但是推广 PPP 是其重要职能之一。同年 11 月，该部颁布一系列国家政策与指南对 PPP 进行规范，要求各州在此基础上再制定本地的指南。2012

---

① 资料来源：加拿大 PPP 理事会 PPP 项目数据库。

年，政府又成立了基础设施融资工作组研究确定改革基础设施融资的方案①。2015 年 10 月，该部更新了 2008 年推出的澳大利亚全国的 PPP 政策框架，详细介绍了 PPP 项目的实施政策，包括 PPP 项目集中采购方法，投资者指南，社会性基础设施的商业原则，经济性基础设施的商业原则，政府操作指南，财务计算方法等。各级政府在此基础上制定了本地的框架指南，对 PPP 项目做了各自详细的规定。

澳大利亚确定 PPP 项目准入的核心标准是"物有所值"（value for money，VFM）原则，即考察 PPP 模式是否比传统模式好；社会资本能够实现物有所值原则，即经济性上实现成本最低，效率上实现产出最大，效果上达到预期的期望。澳大利亚政府部门在立项阶段，会制定基础设施和公用事业发展规划，通过全面的成本—效益分析法（full cost-benefit analysis），考察项目建设的必要性和是否可以适用 PPP 模式，其基本原理是运用技术经济、社会分析等方法，分别计算出特定基础设施项目在公共部门采购模式下和 PPP 采购模式下的成本和收益，并根据 VFM 原则和对比的方法，来决定此基础设施项目的最优采购方法。在 PPP 项目启动阶段，澳大利亚政府部门会采用公共部门比较因子法（public sector comparator，PSC）比较 PPP 模式和传统模式的全寿命周期成本，如果 PPP 模式的投标价成本低于传统模式的成本，就体现出了物有所值原则。

澳大利亚政府强调制定全流程的绩效监管体系，通过产出和结果的绩效评估要求（Output and Outcome-based Performance Specification），促使社会资本确保所提供的产品或服务的质量并提高效率。澳大利亚政府监管的重点是产品或服务的质量和数量，而不是干涉社会资本通过什么方法来满足绩效要求，以利于发挥社会资本的能动性和创造性。澳大利亚政府始终将保护公众利益作为推行 PPP 模式的前提条件。政府推行 PPP 项目有利于缓解政府财政约束、提高产品或服务质量、优化风险分担降低建设成本、促进经济增长与市场经济，最终体现为对澳大利亚所有纳税人的权益保护。在 PPP 模式下，社会资本得以更广泛地参与到设计、建造、融资、运营、维护等各个阶段，使其技术、经验、创造性得到充分发挥，政府部门

---

① 高敏，袁思农. 澳大利亚养老金资产管理经验借鉴与启示［R/OL］. 华商基金研究报告.

则把重心放在综合协调、政策指引、质量控制、安全监督上来，以保障纳税人的权益为最终目标，最大程度上改进公共服务质量。

三、养老金投资 PPP 项目模式分析

（一）加拿大的直接投资模式

在加拿大，按净资产规模从高到低排序，总共有四大养老基金机构。一是加拿大养老金计划投资委员会（Canada Pension Plan Investment Board，CPPIB），为受加拿大联邦政府和省级政府监管的全球性专业投资管理机构，将加拿大养老金计划（即 CPP，约 2000 万加拿大人参与出资）筹集的资金除去须偿付的部分，用于投资，是世界最大的养老基金之一。二是安大略省教师退休金计划（Ontario Teachers' Pension Plan，OTPP），负责投资运营加拿大安大略省的教师退休金，是加拿大最大的单一型职业养老基金，参与基金的退休和在职教师共计 32.7 万人。三是安大略市级雇员退休系统（Ontario Municipal Employees Retirement System，OMERS），为加拿大最大的市级养老基金，参与人数约 50 万，来自市政当局、教育局、交通系统、电力事业等各行业，包括工会与非工会会员。四是公共服务养老金计划（Public Service Pension Plan，PSPP），组织机构是加拿大 B.C.（British Columbia，不列颠哥伦比亚省）政府和雇员工会，服务于 B.C. 省 12.7 万会员及其员工，从事职业包括省政府公务员、交通、医疗等。除此之外，加拿大还有一些小型养老基金管理公司。

加拿大养老基金对 PPP 项目的投资基本都是直接投资，各大型养老基金专门组建了基础设施投资团队，比如 Borealis 基金建立了 25 人的专家组、CPPIB 建立了 26 人的专家组、OPTrust 建立了 35 人的专家组，而且这些养老金计划拥有海外办事处以管理日益增加的全球基础设施投资组合，这表明养老基金具有足够的内部资源进行 PPP 项目的研究和风险管理[①]。

---

① 此处，Borealis 基金是 OMERS 的子公司 Borealis Infrastructure；OPTrust 为加拿大公共退休基金，是加拿大十大公共退休基金之一，负责管理安省公共雇员工会（Ontario Public Service Employees Union）退休金计划。

同时，在项目竞标过程中，养老基金采取共同投资的模式与其他的机构投资者竞争。比如，由 OMERS 于 2012 年发起设立的全球共同投资平台——全球战略投资联盟（GSIA），其设计的初衷在于聚集志同道合的投资者（主要是养老基金）直接投资基础设施资产。参与联盟的成员通过全球战略投资联盟投资于企业价值超过 20 亿美元的核心基础设施资产，投资行业包括机场、铁路、港口、发电及配送、北美和欧洲的天然气管道等。在 OMERS 提供 50 亿美元的资金情况下，GSIA 旨在筹集 200 亿美元。2014 年 3 月，OMERS 与世界上最大的养老基金——日本政府养老金投资基金（GPIF）和日本开发银行（DBJ）签订共同投资协议，使得 GSIA 的总资本增至 112.5 亿美元。2019 年 3 月，OMERS 启动一项 3 亿欧元的风险投资基金，以瞄准欧洲市场[①]。

（二）澳大利亚的间接投资模式

澳大利亚养老基金大多数对 PPP 项目的投资都是外包给外部的基金管理者，比如麦格理、布克朗等投资公司，它们将私有化的基础设施资产与其他资产打包融入基金投资工具。尽管在金融危机中上市基础设施基金也表现出一些问题，但澳大利亚基金管理者在该领域积累了大量的投资经验。考虑到澳大利亚国内市场的限制，很多基础设施基金管理者都在全球范围内运作基金。据 2012 年韬睿惠悦另类投资调查报告显示，在全球前 20 的基础设施基金管理者当中，只有博勒菲 1 家来自加拿大，而有 8 家来自澳大利亚，他们管理的基础设施资产为 920 亿美元，占到前 20 位管理者所管理总资产的 2/3。从基金类型看，Preqin 调查了 16 位澳大利亚基础设施基金管理者，发现目前共有 61 只基础设施基金，其中 50% 为开放式基金、31% 为封闭式基金、13% 为半开放式基金、6% 为常青式基金。其中，最大的基金管理者是麦格理集团，其市场份额占行业的 43%，但其大部分资产是投资于国外基础设施。由于投资成本费用较低，大多数澳大利亚养老基金选择投资非上市的开放式基础设施基金。例如，1991 年正式建立的昆士兰投资公司 QIC 就是属于昆士兰州政府的开放式基金，该基金也是长

---

① 资料来源于 OMERS 官方网站（https：//www.omers.com/）。

期基础设施资产的积极投资者，QIC 在 2006 年建立基础设施团队，实现了养老保险基金在投资基础设施时可以选择在期限、部门和地理等方面的多元化投资组合，目前已经成为很多规模较小的超级年金基金投资基础设施的重要选项[①]。

四、养老金投资 PPP 项目的表现

（一）加拿大养老基金的投资业绩

在加拿大的四家养老基金中，OMERS 的基础设施投资占总投资比重最高，达到 18.2%，其余三家均在 10% 左右。CPPIB 由于基金总规模最大，基础设施投资额也远超三家。可以看出 OMERS 对基础设施资产配置尤为重视，但其他三家养老基金的基础设施投资比重也超过加拿大养老基金 8.17% 的平均水平。2018 年，除 OTPP 外，其他三家养老基金的总体投资回报率均接近 10%。与总体回报率相比较，当年基础设施投资回报表现远超总体水平，有三家养老基金的基础设施投资回报率在 10% 以上，业绩最差的 OTPP 的基础设施投资回报率也达到 8.8%，体现出基础设施资产非常强的盈利能力。

从投资方式上看，这四家养老基金的 PPP 项目投资方式均为股权投资，即直接投资持有基础设施资产，并拥有相应的控制权；从投资地区上看，绝大部分集中于北美、欧洲和澳大利亚这些发达国家，对发展中国家基础设施的投资也多为南美国家；从投资领域上看，交通和能源是最热门的基础设施投资领域，水务领域也较受到这些养老基金的欢迎。从投资业绩上看，以 CPPIB 和 OMERS 在 2018 年的基础设施投资为例，CPPIB 产生了 19 笔直接投资，比上年增加了 47 亿美元，其中新投资 19 亿美元，投资组合价值上涨 49 亿美元，扣除资本支出 5 亿美元、收入分配 10 亿美元及外汇损失 6 亿美元[②]。

---

① 袁中美. 养老基金投资 PPP 基础设施项目的国际比较及启示［J］. 当代经济管理，2016，38（9）：77 – 83.

② 资料来源于加拿大养老基金投资协会（PIAC）。

除 OMERS 外，其他养老基金的年度基础设施投资收益率存在较大波动，尤其是 OTTP 和 CPPIB 并没有免受金融危机的影响，出现了负的收益率。但 OMERS 作为基础设施投资时间最早、投资比例最大的养老基金，也是投资收益率和波动性最小的养老基金。究其原因，在于它从 1999 年就成立了全资子公司 Borealis 基础设施，通过养老基金的授权将基础设施单独的资产类别进行直接投资，非上市基础设施基金在其投资组合中的比例非常有限。而且 OMERS 广泛投资于加拿大、美国、英国、欧盟等地区的基础设施项目，并主要针对它可以严重影响其战略方向的基础设施资产。这意味着它将在任何的基础设施投资中获得不低于 25% 的所有权，为适当的治理和控制权力进行谈判协商，对与资产和业务相关的所有事项可以发表自己的看法和意见。

（二）澳大利亚养老基金的投资业绩

由于澳大利亚养老金没有将基础设施作为单独的资产，在年报中也没有统计相关的投资业绩。但彭和纽厄尔（Peng & Newell，2007）对澳大利亚 16 家上市基础设施公司、16 只上市基础设施基金和 19 只非上市基础设施基金在 2006 年以前十年的风险调整业绩进行了比较。从年均收益率看，上市的基础设施投资收益率为 22.4%，而非上市的为 14.1%，均战胜了同期的债券收益率（7.2%）和股票收益率（12.9%）。在收益波动性方面，非上市基础设施投资的波动性为 5.8%，高于债券的 4.3%，但远低于上市基础设施投资的（16%）和股票的（11%）。而罗素投资（2012）汇总了澳大利亚非上市基础设施基金在过去 15 年间的收益率，就包含费用和税收情况下的年均总收益来看，长期（15 年为 12%）、中期（7 年为 10%）、短期（1 年为 13%）的收益率均表现良好，年均资产增值速度随着期限的延长而增加。总体而言，非上市的基础设施资产可以产生稳定的、可预期的现金流（即每年 5% 的收入）。其次，从基础设施资产的风险管理功能来看，罗素投资（2012）计算了 2002～2011 年澳大利亚非上市基础设施基金与其他资产类别的相关系数。结果显示，它与国内非上市房地产的相关系数最高为 0.54，然后是国内股票 0.33，与全球上市基础设施和房地产的相关系数分别为 0.29、0.06，与国内债券关联程度最低为 −0.34，可以在养老基金投资组合内部有效地实现风险对冲。

➡第三节
保险资金支持 PPP 发展的国际经验对我国的启示

一、加强政府政策引导，完善顶层设计

由于基础设施建设是国家的根本，引入社会资本需非常慎重，在推进项目建设时从政府的层面进行顶层设计就显得很有必要。总结起来，国外典型国家的经验有以下三个方面非常值得我们学习和借鉴。

一是完善立法。为保证养老基金更好的投资于 PPP 项目，加拿大和澳大利亚纷纷立法，全方位保障养老基金在投资 PPP 项目时的顺利开展。我国现阶段虽然明确了保险资金可以投资 PPP 项目，但相关配套法律和政策仍需完善。

二是加强制度顶层设计。加拿大和澳大利亚都非常重视 PPP 和国家增长与社会发展目标的联动，在他们的政府工作报告中，多次强调需要更好地利用现有基础设施建设，为资本投资创造新的机会，消除阻碍经济社会增长的瓶颈和差距。我国也应当加强保险资金支持 PPP 项目的顶层设计，注意国家优先项目的实施，注意项目的经济效益、社会效益和环境效益等多方面因素，要在公共政策目标的实现和保险资金盈利目标之间达到一种均衡，通过 PPP 模式的公共性体现社会公众的利益，更好地促进公共政策目标的实现。

三是设立专门的政府部门来统一协调保险资金支持 PPP 项目发展。比如加拿大政府组建了国家层级的 PPP 中心、澳大利亚设有专门的基础设施和区域发展部、英国也有基础设施局，对社会资本进入 PPP 项目可以进行全生命周期的监管和帮助，尤其是加拿大和澳大利亚，对养老金进入 PPP 项目保持了较大关注。我国虽然也组建了财政部 PPP 中心，但对保险资金的关注度不够，为更顺畅地打通保险资金支持 PPP 项目的通道，可以考虑在银保监会内部成立 PPP 项目部，与财政部 PPP 中心对接项目相关工作。

二、完善保险资金进入和退出 PPP 项目的良性机制

加拿大和澳大利亚养老基金都实行审慎监管模式，对基础设施的投资工具和数量比例基本不存在限制。一般而言，养老基金投资 PPP 项目的主要障碍在于政府制定的投资管理办法的约束，比如限制其进行海外投资、私募股权投资、房地产投资或其他另类资产的投资，并在上市公司股票和债券方面存在控股权、单一对象投资比例和信用等级的限制等。但同时我们也注意到，监管模式的选择与一国的法律和投资环境有较大的关系，加拿大和澳大利亚在养老基金投资 PPP 项目时采取的审慎监管建立在其发展多年的资本市场制度上，其养老金的管理采用其资产管理体系中的一贯做法，并没有特殊性。发达国家经过多年的发展，金融体系和法律监管都高度发达，各类市场主体都十分成熟，采取审慎监管是自由经济发展的必然选择。但我国的资产市场与这些发达经济体相比还有一定的差距，制度体系和法律法规都处在改革变化之中。另外，我国的法律基础与英美法系不同，建立在其之上的制度体系也没有必要生搬硬套。基于以上两个方面的因素，我们认为，适度放宽保险资金支持 PPP 项目的市场准入条件，建立合理的退出机制，既有利于加强市场的竞争性，增加市场活力，促进资产管理机构在竞争中快速成长，也能更好地实现保险资金的保值增值。

三、柔性合同降低投资风险，拓宽 PPP 项目资金来源

养老保险基金投资于基础设施项目是一个涉及多方面、多合同、多政策甚至多国家的事情，无论是直接投资于基础设施项目，还是通过中介投资机构以债券等形式间接投资；无论是前期的对于风险、收益的评估，还是建设、执行、维护等后期工作，基础设施项目都是一个长期的投资过程。回报周期过长，使得基础设施资产的长期寿命与投资者利益最大化的期望值通常不相匹配。投资基础设施的资金回报通常来源于政府税收、通行费等费用，这均需要长期的运营。

对于大型养老基金投资者而言，其投资需求与基础设施项目的特征高

度一致。加拿大养老基金期望在其基础设施持有方面获得的回报率保持在6%~13%，而这一数字远远低于其他私募股权的投资者期望的投资回报率。澳大利亚养老基金投资者公开的期望回报率为8%~10%。在选择投资目标时，应当说，最具吸引力的基础设施资产是那些在监管环境中运营的资产。这些资产限制了直接竞争或潜在的可替代性，能够通过稳定增加的用户收费来抵销通货膨胀，并使用成熟的技术来降低风险。基础设施项目通常有较高的准入门槛，前期需要大量的一次性投资。同时，短期内资产因为流动性不足和基础设施项目的复杂性，可能导致过高的交易成本。这些特征，客观上限制了参与基础设施投资项目的投资者的资产规模和专业化程度。相对于其他投资者来说，加拿大养老基金期望的6%~13%的投资回报率处于相当低的水平。如果投资项目风险较大，这显然不是投资者所愿意承担的。

加拿大和澳大利亚在这方面的经验也值得我国借鉴：合理的合同设置可以有效降低保险资金投资PPP项目承担的风险。保险资金应避免为获得高额回报而采取冒险性质的短期战略，特别是利用期权、期货等或是负债融资等杠杆化工具。在诸多的交通运输基础设施项目中，从保险资金投资者的角度出发，机场、港口和收费公路无疑是最佳选择。这三者通常受益于监管的环境，从而减少了新的投资者进入市场，由此降低了竞争的激烈程度。在大多数国家，尤其是发达的城市区域，开放新机场或是新的港口受到严格的限制，这就减少了潜在的竞争者。保险资金投资交通运输基础设施PPP项目主要是通过两种方式，对于私人交通运输基础设施项目通常采取股权投资的方式，对于负责长期运营、维护交通运输基础设施的企业则进行直接投资。交通运输，港口和收费公路基础设施等项目的长期、稳定以及投资模式都非常契合保险资金的投资要求，对于保险资金而言是一个非常合适的投资方向。

四、加强对利益相关者的分析，完善 PPP 项目的激励机制

在世界范围内，许多国家在基础设施的维护、升级以及扩建方面，尤其是交通运输设施方面都存在巨大的赤字。为了缓解这一情况，政府部门

投入了更多的财政支出用于基础设施的建设和维护。同时，人们更加意识到，仅依靠税收支持的公共资金不足以弥补巨大的基础设施建设带来的财政赤字。在这一背景下，养老基金对于投资基础设施建设成为其重要的选择之一。然而，目前养老基金在基础设施投资方面还非常有限。曾经有养老基金通过购买政府债券间接参与了基础设施 PPP 项目的案例，但全球仅有不到 1% 的养老基金通过直接投资的方式参与了基础设施 PPP 项目。

目前，欧洲、美国等的养老基金在投资基础设施项目方面的进展还非常缓慢，而加拿大和澳大利亚的养老基金在这一方面已经拥有了相当丰富的经验，成为全球基础设施项目市场的领跑者。以加拿大为例，2017 年的基础设施投资收益率超出基金的平均收益率，说明基础设施投资对于养老基金的增值具有十分重要的作用。在诸多的基础设施投资方面，交通运输基础设施获得的投资额超过了其他方面，投资机构不仅仅投资于新建项目或是重建项目，同时也参与到各种基础设施项目中来，其中包括负责新设施的设计、建造、资金运转和维护的公私合作 PPP 项目及公路、停车场、机场、港口等政府机构长期租赁项目等。

从国际范围内来看，养老基金投资 PPP 项目是一个双赢的结果。在这种情况下，我国在推动保险资金支持 PPP 项目时，除了对保险资金进入 PPP 项目的条件做出规定和必要的限制以外，同时也要设计一些激励机制，鼓励更多的优质保险资金积极参与 PPP 项目投资。

五、重视经纪人作用的发挥，降低 PPP 项目风险

直接投资于基础设施项目需要很多方面的准备工作，尤其是项目包含由私人特许经营者和其股东带来的收益风险管控。加拿大的养老基金过去通常是通过外包给专业的投资机构投资于基础设施的项目，但是这一模式通常会带来更高的成本。私营机构的工会养老基金等规模较小，缺乏专业的从业人员，同时也缺少丰厚的资金规模。随着经纪人组织的参与，更多的小型基金通过中介的经纪人组织来投资基础设施项目成为趋势。而为了更好地应对风险，降低成本，更有效地投资基础设施项目，与小型养老基金依赖中介组织不同，加拿大大型养老基金内部成立了专业的投资顾问团

队来对基础设施项目进行评估分析。加拿大大型养老基金内部负责寻找、评估、执行和监督基础设施项目的投资团队的普遍特征是团队小而精干，例如，CPP、OTPP 等的投资团队人数较少，而他们通常掌管着数十亿美元的投资额。同时，通过经纪人组织，养老基金还采取共同投资的模式与其他投资机构竞争。OMERS 设立了全球战略投资联盟，旨在整合世界养老基金资金投资基础设施项目，主要包括机场、铁路、港口等大型项目。因此，对于养老基金而言，经纪人组织在连接养老基金和基础设施项目中间起到了至关重要的作用。由此可见，在推动我国保险资金支持 PPP 项目发展的过程中，要充分发挥经纪人组织的作用，同时，应当成立专门的专家组对项目进行审核评估，以降低 PPP 项目风险，稳定收益。

保险资金支持 PPP 发展的实证分析
——基于财政部 PPP 项目管理库的检验

　　基础设施建设在刺激和维持经济增长方面具有重要作用，同时还能实现收入再分配和减贫的功能，这种情况在发展中国家表现得尤为突出。在众多基础设施建设方式中，由于 PPP 模式充分发挥了政府和市场的作用，被认为是效率最高的一种，故 PPP 模式能够有效推动经济发展和收入水平的提升。保险资金是 PPP 项目运营的优质资金来源，这一观点在前面的章节已经从理论分析的角度证实。本章拟应用统计学的方法进一步验证保险资金对 PPP 项目开展的作用。基于此，本章选择经济增长速度和家庭人均可支配收入作为被解释变量，作为 PPP 发展目标的代理变量，选择保险资金在 PPP 领域的投资额和保险在 PPP 领域的保障程度作为主要解释变量。分析结果表明，PPP 模式能够显著促进经济和收入水平的上涨，保险资金能够显著促进 PPP 模式目标的实现。这说明，保险资金的进入对 PPP 项目的健康可持续发展具有积极作用，相关部门应当加大保险资金参与 PPP 项目的政策支持力度，以促进我国基础设施建设高质量发展，并推动我国经济增长和居民收入水平的上升。

第一节
保险资金支持 PPP 项目实现目标的路径分析

　　大量理论和经验研究表明，推动基础设施建设能够显著刺激经济增长，巴罗（Barro，1990）及弗塔戈米等（Futagami et al.，1993）通过建立内生经济增长模型发现，基础设施建设和经济增长之间的关系显著为正。卡尔德隆和塞汶合（Calderón & Servén，2010）的一项研究表明，基础设施建设的增长以及基础设施的更新升级在长期内对经济增长具有积极影响。此外，基础设施建设还能够在一定程度上消除收入不平等的现象。卡尔德隆和塞汶合（Calderón & Servén，2014）研究认为，基础设施建设能够提升一个地区的人均收入水平，在此基础上，一方面促进经济增长，另一方面改善居民收入再分配不公平的情形。基础设施建设和经济增长之间的正向关系，在发展中国家表现得尤其突出（Lee et al.，2019）。我国经济增长长期得益于基础设施建设的持续增长和升级改造，交通运输、邮电、电力供应等经济基础设施建设对经济增长的影响作用尤为突出（王宇新和刘贵，2010）。门多萨（Mendoza，2017）通过对中国关于废物处理、绿色空间、能源和水项目等领域的研究表明，基础设施建设能够显著减少收入不平等的现象。现阶段，中国的基础设施建设投资还有较大的缺口，据估计，我国"十三五"期间（2016～2020年）基础设施投资总需求高达9.2万亿美元[①]，假定我国基础设施投资总额年均增速为20%，则2016～2020年政府投资总额为5.6万亿美元（假定美元汇率为6.5），约占需求总额的61%，那么，基础设施投资缺口高达3.6万亿美元[②]。鉴于国有资产在进行基础设施建设时存在固有的管理能力不足、资金利用效率低下、创新性不强、收益率不高、专业人才缺乏等问题，在这一特定的背景下，PPP模式得到了各级政府的重视，而如何吸引社会资本对基础设施进行投资则成为各个项目优先需要考虑的问题。保险资金作为资本市场优质的机构投资者，由于其固有的长期性、稳定性和安全性等特征与PPP模式具有高度的契合性，因此，在支持PPP项目发展以推动我国基础设施建设方面应当有所作为。

PPP项目作为促进基础设施建设的重要推手，显著有利于地方经济发

---

① 根据中国经济时报2017年4月18日发表文章《"一带一路"基础设施建设投融资需求及推进》测算，测算时假定基础设施投资与GDP比例的平均值为15%，同时按照"十三五"规划目标，经济名义增长率率定为7.5%。

② 事实上，我国基础设施投资的增速并没有预计的那么高，2016～2019年增速分别为17.4%、19%、3.8%和3.8%，这说明现实中基础设施建设的缺口比预计要大得多。

展。理论研究表明，PPP 模式是基础设施建设供给的最佳模式，它能够在基础设施建设的全生命周期中优化利用私营部门的技能、技术和创新，这一效能在公共资金出现短缺的时候表现得尤为突出（Iossa & Martimort，2015）。通过 PPP 项目建设的基础设施更有可能达到预期的效果和目标，因为 PPP 项目会签订可执行的合同，会明确规定项目交付日期和验收标准等（Davies & Eustice，2005）。特鲁希略等（Trujillo et al.，2002）利用世界银行 PPI 数据库研究发现，私营部门参与交通运输领域的基础设施建设能够显著促进地区人均收入水平，进而促进当地经济增长。金姆等（Kim et al.，2011）以韩国的数据为样本所做的实证分析表明，2008 年 PPP 项目在基础设施建设的投资使得该国经济增长提升了 0.2%。另外，由于基础设施建设过程中存在很多风险，PPP 模式能有效地对风险进行分析，将不同的风险交给合同签订各方中不同的承担主体，实现风险管理的优化。PPP 模式的这一功能，使之能够有效规避基础设施出现"白象"① 工程的风险，提升基础设施建设的效率和效果（Engel，2016）。

融资是 PPP 模式得以有序运转的重要因素，多以项目为主体进行，这种方式不依赖于项目投资人或发起人的资信状况及其有形财产，而是根据项目的预期收益、现金流量和项目资产价值安排融资内容，项目各因素直接影响融资的机构和进程。虽然 PPP 模式融资在很大程度上表现出极强的项目融资特点，但这并不影响企业融资模式的应用。企业利用自身的资信来进行融资，会在一定程度上增强项目的融资吸引力，而且也为当前我国的金融机构所接受，能有效提高融资成功的概率。当然，无论是项目融资还是企业融资，都需要根据 PPP 项目的实际情况来选择合适的融资方式，提高地方政府和社会资本的参与积极性，优化各自的资金使用效率，从而实现 PPP 模式的核心价值，即优化资源配置，为社会提供更高效的公共产品和服务（财政部政府和社会资本合作中心，2016）。

就 PPP 项目的融资方式而言，经过长达 30 多年的发展，目前已经形

---

① 白象，指昂贵又无用之物。来源于印度，由于印度人是很崇拜大象的，对于大象尤其是白象视若神灵，印度规定，白象是不可以宰杀、干活的，拥有白象的人家要好好地养着它，不可以虐待它，直到它死去，所以人们将白象视为一种昂贵的负担。

成了较为成熟的渠道，大类上可以分为股权融资和债券融资，从具体融资工具的选择上，又可以分为股权投资基金、银行贷款、信托、保险资金、债券、专项资产管理计划、项目收益债以及融资租赁等。阿雷兹卡等（Arezki et al.，2016）估计，养老基金、主权财富基金、保险公司和其他机构投资者管理的全球资产估计有 100 万亿美元，是 PPP 项目融资的有效渠道。其中，由于资金匹配度高、国家政策支持和可投资范围广等特点，保险资金投资于 PPP 项目具有明显优势。我们在第一章中已经详细阐释了保险资金在支持 PPP 模式发展中所体现出来的两方面的重要作用：一是"硬实力"的支持，即资金支持，截至 2019 年底，保险领域可运用资金 18.53 万亿元①，在资本市场的地位已经不容忽视。保险资金尤其是寿险资金具有长期性的特点，非常契合 PPP 项目对资金的要求。二是"软实力"的支持。保险是最重要的市场化的风险管理工具之一，保险公司在为 PPP 项目提供资金支持的同时，也能为其提供先进有效的风险管理技术。

关于保险资金和 PPP 之间关系的论证，由于数据的可得性等原因，截至目前，多数均停留在规范分析和理论分析层面，鲜见量化研究，尤其是对中国保险资金支持 PPP 项目发展的领域，尚未出现实证研究成果。本章尝试根据现有的资料，结合财政部 PPP 项目管理库的相关数据进行实证分析，为后续研究提供一个参考。

➡ 第二节
变量设定和数据选择

一、变量设定和模型假定

目前，关于 PPP 发展方面的实证研究成果较少，最主要的原因是 PPP 项目牵涉面非常广，而数据的搜集和整理很困难，尤其是从某一个特定的角度进行实证检验难度更大。因此，很多 PPP 方面的实证研究，在搜集数据时一般会考虑使用代理变量的方式（Cui et al.，2018）。本章拟从保险

---

　　① 资料来源于中国银保监会网站。

资金支持 PPP 发展的角度进行实证检验，同样存在数据可及性不高的情况，因此，也使用代理变量进行分析。

首先，PPP 项目开展的目标是推动基础设施建设，而基础设施建设的最重要产出标准是当地的经济发展情况和居民收入情况，因此，此处将 PPP 发展的目标设定为经济增速和人均收入水平，在进行回归分析时，将被解释变量设定为 GDP 增速和人均可支配收入，将其作为 PPP 发展的代理变量。其次，保险资金支持 PPP 发展的方式主要有两种：一是资金支持，二是风险保障，因此，在主要解释变量的选择上，本章选定两个，分别是代表资金支持的"保险资金在 PPP 项目中的投资额"和"PPP 项目中保险保障功能的发挥程度"。在资金支持变量的选择上，由于保险资金在 PPP 项目中的投资额在现阶段不可获取，因此，本章用保险资金在基础设施领域的投资额占当年 PPP 资金总投资额的比重作为代理变量；在风险保障变量的选择上，我们首先考察某地区所有的 PPP 项目中是否签订有专门的保险合同，然后确定签订保险合同的 PPP 项目数占全部 PPP 项目的比重，这一比重即为 PPP 项目中保险保障功能的发挥程度的代理变量。同时，假定这两个变量和被解释变量之间的关系显著且均为正。

在这种情况下，本章将基本模型设定如下：

$$GDPgrowth_{it} = \alpha_0 + \alpha_1 Insurance_{it} + \alpha_2 control_{it} + \varepsilon_{it} \qquad (5-1)$$

$$lnincome_{it} = \beta_0 + \beta_1 Insurance_{it} + \beta_2 control_{it} + \epsilon_{it} \qquad (5-2)$$

其中，$GDPgrowth_{it}$ 和 $lnincome_{it}$ 表示 i 地区 t 年的 GDP 的增速和人均可支配收入的对数；$Insurance_{it}$ 表示 i 地区 t 年保险资金在 PPP 项目中的作用，有两个指标，分别是保险资金在 PPP 领域的投资额 $Insurance1$ 和在 PPP 领域保险的保障程度 $Insurance2$；$control_{it}$ 表示 i 地区 t 年影响被解释变量的控制变量，ε_{it} 和 ϵ_{it} 分别为两个模型的残差项。

影响经济增长和人均可支配收入的一般因素大体上是类似的，因为本章关注的是保险资金对 PPP 的支持作用，因而此处对两个模型的控制变量不做区分。根据已有研究成果，鉴于数据的可得性，本章选择的控制变量有：PPP 总投资占 GDP 的比重、固定资产投资占 GDP 的比重、城镇化率、教育水平、人口自然增长率和通货膨胀率。

二、数据选择和模型设定

鉴于财政部 PPP 项目管理库中有关 PPP 项目的详细信息自 2015 年起较为完备，因此，本章选择项目开始时间在 2015～2018 年我国 30 个地区（除港澳台和西藏）的相关数据进行分析，各变量的设定和数据来源如表 5-1 所示。需要说明的是，本章所分析的 PPP 项目，只针对处于执行阶段而言，若在项目库中处于识别、准备、采购和移交阶段，则本章不纳入分析范围①。另外，为对标分析，关于 PPP 的数据，以 2018 年 12 月 31 日为时间节点。

表 5-1 　　　　　　　　　　　　各变量简单说明及数据来源

指标	变量	指标说明	数据来源
经济增速	GDPgrowth	各地区 GDP 名义增长率（%）	各地统计年鉴
人均收入水平	lnincome	各地区人均可支配收入的自然对数	各地统计年鉴
保险资金对 PPP 投资额	Insurance1	保险资金在基础设施领域的投资额占当年 PPP 投资总额的比重（%）	银保监会和财政部
保险保障在 PPP 中的程度	Insurance2	各地区确定签订保险合同的 PPP 项目数占全部 PPP 项目的比重（%）	银保监会和财政部
PPP 占 GDP 比重	PPPtoGDP	各地区 PPP 投资总额占 GDP 比重（%）	财政部和各地统计年鉴
固定资产投资占 GDP 比重	fixedtoGDP	各地区固定资产投资占 GDP 比重（%）	各地统计年鉴
城镇化率	Urban	城镇人口占总人口的比重（%）	各地统计年鉴
教育水平	education	每万人普通高等高校在校人数的自然对数	各地统计年鉴
人口自然增长率	popgrowth	各地区人口的自然增长率（‰）	各地统计年鉴
通货膨胀率	CPI	各地区消费价格指数（%）	各地统计年鉴

随后，本章对各变量进行简单的统计分析，如表 5-2 所示：

---

① 衡量 PPP 的执行情况，一般以落地率为标准。PPP 项目的落地率等于执行阶段和移交阶段的 PPP 投资额除以识别阶段、准备阶段和采购阶段 PPP 的投资额，而移交阶段的 PPP 项目在财政部系统里不再显示，因此，本章只选择执行阶段作为分析对象。

表 5 - 2   各变量简单统计描述

变量	均值	标准误	中位数	标准差	方差	峰度	偏度	最小值	最大值	观测数
GDPgrowth	7.3318	0.1612	7.6000	1.7654	3.1165	7.6825	-1.8033	-2.5000	11.0000	120
lnincome	10.0755	0.0305	9.9949	0.3343	0.1118	1.0132	1.1457	9.5080	11.0690	120
Insurance1	1.6639	0.3564	0.3477	3.8222	14.6090	16.5500	3.9768	0	21.3250	115
Insurance2	3.5235	0.6806	0	7.2987	53.2720	19.5670	4.0257	0	50.0000	115
PPPtoGDP	2.4715	0.5216	0.9958	5.5934	31.2870	67.9780	7.5201	0.0128	54.7570	115
fixedtoGDP	147.0400	19.6540	69.9140	215.3000	46354	14.5300	3.4990	-4.1866	1423.7000	120
Urban	59.3160	1.0233	56.8200	11.2100	125.6700	0.7974	1.0934	42.0100	88.1270	120
education	4.2786	0.0718	4.3316	0.7862	0.6181	1.8607	-1.2943	1.7492	5.3663	120
popgrowth	5.2780	0.2642	5.6750	2.8939	8.3746	-0.3861	-0.3330	-1.0000	11.4000	120
CPI	1.7178	0.0431	1.6600	0.4723	0.2231	0.2919	0.3159	0.5700	3.2300	120

注：天津、上海、海南和宁夏在有些年份没有 PPP 项目处于执行阶段，因而存在数据缺失的情况，相应的观测值小于 120。

为消除时间因素和地区政策因素所可能引起的内生性问题，我们将模型设定为双固定效应，具体模型设定如下：

$$GDPgrowth_{it} = \gamma_i + \alpha_1 Insurance1_{it} + \alpha_2 Insurance2_{it} + \alpha_3 PPPtoGDP_{it}$$
$$+ \alpha_4 fixedtoGDP_{it} + \alpha_5 Urban_{it} + \alpha_6 education_{it} + \alpha_6 popgrowth_{it}$$
$$+ \alpha_7 CPI_{it} + \delta_t + \epsilon_i + \varepsilon_{it} \qquad (5-3)$$

$$lnincome_{it} = \tau_i + \beta_1 Insurance1_{it} + \beta_2 Insurance2_{it} + \beta_3 PPPtoGDP_{it}$$
$$+ \beta_4 fixedtoGDP_{it} + \beta_5 Urban_{it} + \beta_6 education_{it} + \beta_6 popgrowth_{it}$$
$$+ \beta_7 CPI_{it} + \theta_t + \vartheta_i + \sigma_{it} \qquad (5-4)$$

其中，各变量所代表的指标见表 5 - 1，γ_i 和 τ_i 表示模型的个体效应，α 和 β 表示变量相对应的系数，δ_t 和 θ_t 是年度虚拟变量，ϵ_i 和 ϑ_i 是省份虚拟变量，ε_{it} 和 σ_{it} 是残差项。

➡ 第三节
保险资金助力 PPP 项目达成目标的实证检验

接下来，本章以 2015～2018 年我国 30 个地区的非平衡面板数据使用 Stata 软件进行统计分析。回归结果如表 5 - 3 所示。在表 5 - 3 中，

GDPgrowth 表示被解释变量为经济增速，*lnincome* 表示被解释变量为人均可支配收入。

表 5 - 3 回归结果

变量	(1)	(2)	(3)	(4)	(5)	(6)	(7)	(8)
	GDPgrowth	lnincome	GDPgrowth	lnincome	GDPgrowth	GDPgrowth	lnincome	lnincome
C	5.076 *** (0.000)	8.001 *** (0.000)	5.067 *** (0.000)	8.001 *** (0.000)	5.312 *** (0.000)	4.582 *** (0.001)	8.007 *** (0.000)	8.007 *** (0.000)
Insurance1					0.008 *** (0.003)		0.002 * (0.073)	
Insurance2						0.031 (0.222)		0.0004 (0.725)
PPPtoGDP			0.019 * (0.068)	0.003 *** (0.005)	0.013 * (0.078)	0.022 ** (0.013)	0.003 *** (0.007)	0.003 *** (0.006)
fixedtoGDP	0.00004 ** (0.006)	0.00003 * (0.064)	0.00004 * (0.062)	0.00004 ** (0.027)	0.00003 * (0.080)	0.00003 * (0.074)	0.00004 ** (0.050)	0.00005 * (0.063)
Urban	0.0004 *** (0.003)	0.029 *** (0.000)	0.0003 *** (0.005)	0.029 *** (0.000)	0.001 *** (0.004)	0.007 *** (0.005)	0.029 *** (0.000)	0.029 *** (0.000)
education	0.304 * (0.080)	0.062 *** (0.000)	0.254 (0.142)	0.061 *** (0.000)	0.258 (0.136)	0.238 (0.174)	0.061 *** (0.000)	0.061 *** (0.000)
popgrowth	0.314 *** (0.000)	0.017 *** (0.000)	0.313 *** (0.000)	0.016 *** (0.000)	0.316 *** (0.000)	0.338 *** (0.000)	0.017 *** (0.000)	0.016 *** (0.000)
CPI	− 0.444 (0.434)	0.023 (0.392)	− 0.342 (0.553)	0.021 (0.432)	− 0.420 (0.471)	− 0.390 (0.507)	0.019 (0.477)	0.022 (0.425)
_Iyear_2016	− 0.026 (0.956)	− 0.078 *** (0.003)	− 0.175 (0.723)	− 0.080 *** (0.003)	− 0.270 (0.585)	− 0.194 (0.700)	− 0.082 *** (0.002)	− 0.080 *** (0.003)
_Iyear_2017	0.156 (0.535)	− 0.012 (0.584)	0.069 (0.804)	− 0.020 (0.376)	0.089 (0.747)	− 0.011 (0.969)	− 0.019 (0.397)	− 0.019 (0.414)
_Iyear_2018	0.047 (0.906)	− 0.091 *** (0.000)	− 0.072 (0.868)	− 0.087 *** (0.000)	0.019 (0.965)	− 0.152 (0.695)	− 0.085 *** (0.000)	− 0.086 *** (0.001)
N	120	120	115	115	115	115	115	115
R^2	0.884	0.817	0.895	0.821	0.921	0.910	0.922	0.922
F	96.722	219.672	95.550	218.569	97.267	94.281	267.995	240.141

注：1. *、** 和 *** 分别表示在 10%、5% 和 1% 的置信水平下显著；2. Iyear 对应的是年度虚拟变量系数值。

通过表 5 - 3 可以看出，各模型的 F 值均显著，说明模型设定基本正确。对比各个模型的输出结果可以发现，PPP 投资额变量的加入能够提升模型的可决系数，保险资金变量的加入能够显著提升模型的 R^2，这说明，PPP 项目的实施确实能够促进经济增长和收入水平的提高，同时，保险资金也能够促进 PPP 项目目标的实现。

➡ 第四节
保险资金支持 PPP 项目目标达成的实证结果分析

一、PPP 模式能够显著促进经济和收入水平的上涨

表 5 - 3 中，模型（3）～模型（8）的回归结果显示，PPP 投资额占GDP 的比重与 GDP 增速的关系显著为正，与收入水平的关系显著为正，这一发现和众多研究成果相同（Iossa & Martimort，2015；Trujillo et al.，2002；Kim et al.，2011）。这说明，PPP 模式的运行在中国能够显著促进经济增长，2015～2018 年对经济增长的贡献度在 2% 左右。同时，PPP 模式的运行也能够显著促进居民收入水平的上升，这表明 PPP 还能够在一定程度上实现减贫的效果。2015～2018 年对人均可支配收入的贡献度在0.3% 左右。上面的结果是在控制了其他影响经济和收入的因素的基础上得到的，说明 PPP 项目的运行，对宏观经济和居民收入都有正向作用，这也是各级政府大力推动 PPP 项目的深层次原因。

二、保险资金能够显著促进 PPP 项目目标的实现，但保险保障功能尚未得到有效发挥

在表 5 - 3 的模型（5）和模型（7）中，保险资金对 PPP 投资额与经济增长和收入水平之间的关系均显著为正，这一结果符合模型预期。从直观上来说，保险资金的进入，能够显著促进 PPP 项目目标的实现，即经济增长和居民收入上升。进一步来看，实证结果表明，保险资金能够显著促进 PPP 项目的健康运行，甚至对宏观经济和居民收入的提升均存在显著的

正向效应。对比 PPP 项目本身与宏观经济之间的关系，可以发现保险资金在模型中起到的作用与其完全一致。

需要指出的是，现有文献从规范分析的角度得出了"由于具有规模大、期限长、具有政策支持等原因，保险资金会显著促进 PPP 项目的健康发展（闫冰，2017；李心愉，2017；尹卫，2015 等）"的结论，本章的实证结果印证了这一推断。然而，虽然保险具有其他领域所不具备的在风险管理方面的能力，但现阶段在保障 PPP 项目方面这一功能尚未得到有效发挥。在表 5－3 的模型（6）和模型（8）中，保险保障功能发挥程度和经济增长和收入水平之间的关系虽然为正，但均不显著。可能的原因是，现阶段在 PPP 项目中正式签订保险合同的并不多见，项目对保险的风险保障功能并不完全认可。

三、其他控制变量对经济和收入水平的影响也符合预期

除上述三个关键观察变量以外，其他变量对经济增长和收入水平的影响符合本章预期，也符合理论和现实情况。第一，固定资产投资占 GDP 的比重与经济增长和居民收入之间的关系均显著为正，说明现阶段我国经济增长和收入水平的上升依然在一定程度上依赖于基础设施建设；第二，城镇化水平的提升和经济增长与居民收入之间的关系也显著为正，这一情形反过来同样适用，新型城镇化建设的目标就是提升居民的收入水平，同时促进当地经济发展；第三，教育水平和经济增长与收入水平之间的关系显著为正，表明人力资本的投入确实能够促进经济进步和收入提升；第四，人口自然增长率和经济增速之间的关系显著为正，表明人力资本是经济增长的关键变量，同时，人口增长率和收入水平之间的关系也显著为正，表明现阶段我国人口的增长已经不是简单的数量增加，人口的整体素质也在同步提升，人口增加的边际收入增长为正；第五，通胀率现阶段对经济增长和收入水平的影响并不显著。

促进保险资金支持 PPP 项目
发展路径的政策建议

自 2006 年监管机构允许保险资金通过各类资管产品投资基础设施建设项目以来，保险机构陆续参与了国家的一系列重点建设项目，为今后保险资金参与 PPP 模式奠定了一个较为坚实的基础。与此同时，保险资金深入参与 PPP 模式的空间也非常广阔。以下我们将从推动中国保险业转型与高质量发展、坚持促进保险资金支持 PPP 发展的基本原则、明确促进保险资金支持 PPP 发展的思路、防范化解保险资金支持 PPP 发展的风险和完善保险资金支持 PPP 发展的政策环境等五个方面，对保险资金支持 PPP 发展提出相关的政策建议。

➡ 第一节
推动中国保险业转型与高质量发展

保险资金支持 PPP 发展的前提是保险业自身的高质量发展，只有保险业实现了高质量发展，才能集聚期限长、规模大的保险资金，满足 PPP 发展的需求。

一、促进保险业转型

保险投资活动主要基于负债活动展开，以资产负债匹配为根本指导原则。因此，要推动保险资金支持 PPP 发展，就要推动保险业转型，以风险保障功能为核心，以负债业务为根基，向"以保障功能为基础，兼顾财富管理"的模式转型。具体来说，就是要以人身险领域的健康险和养老险等保障性业务及财产险为主导，充分利用税收递延和税前抵扣政策，建立可持续的资产负债管理模式，为客户和社会创造价值。实现这个目标可以从以下几个方面入手。

一是实现保费增长模式从趸交推动向续期拉动的转型。保费收入趸交和期交增长模式最大的区别是可持续发展能力与业务发展的稳定性不同。期交保费在短期内难以迅速提升保费收入规模，但积累一定时间后保费增长速度会加速。而且期交保费收入占比高的公司业务经营的稳定性也高。因此，行业的转型需要在保费收入增长模式逐步从趸交推动增长模式向续期拉动增长模式转型上下功夫，以增强保费收入增长的可持续性与业务发展的稳定性。

二是提升渠道价值。对于银保渠道而言，要利用监管融合的契机，推动银行和保险公司在业务领域的深度融合，促进银保合作的深化和银保模式的升级，向期交、保障性业务转型，增加新单业务价值，提升银保渠道的价值。对于个险渠道来说，要提高代理人人均产能与销售效率，规范销售行为，保护消费者利益。致力于培育高效高质人力队伍，实现从数量扩张到质量提升的飞跃，配合产品价值转型，从单纯追求规模保费逐步转向追求质量保费。

三是防范化解行业转型中的流动性风险。2017年以来，由于监管导向的改变以及行业转型，保险业原来隐藏的流动性风险逐步显性化，部分保险公司的现金流风险隐患较为突出，这突出表现在以下几个方面：首先，保费流入面临压力。在监管趋严的形势下，部分公司的趸交业务规模快速下降，而期交业务增长尚不能弥补趸交业务的规模收缩，从而造成新单保费流入大幅减少。同时，部分公司续期保费收入的稳定性较差，当外部环境出现变化时，续期保费流入可能低于预期，保费流入压力较大。其次，现金流出增多。中短存续期存量业务规模较大的公司面临退保和满期给付压力，短期内流动性承压。最后，流动性管理难度增大。随着利率走高和负债久期拉长，保险公司此前配置了更多长期资产，当出现现金流危机时，长期资产变现周期较长，从而加大了流动性管理的难度。

四是高度关注行业转型中可能出现的新的利差损与费差损风险。在竞争与转型的双重压力之下，部分中小保险公司尤其是寿险公司有可能被动提高渠道手续费、降低产品定价，由趸交低价值产品转向期交低价值产品，或利用高预定利率的长期年金产品获取保费收入，从而有可能造成利差损和费差损风险。同时，由于长期保障和养老年金产品的复杂性和长期性，使高承诺利率和高费用率变得更为隐性，容易进一步掩盖利差损和费差损风险。由此可见，防范和化解由转型过程中的短期行为所造成的利差损与费差损风险，是保险业必须时刻保持关注的一个重要议题。

二、推动保险业高质量发展

推动保险业高质量发展，是保险资金支持 PPP 发展的基础。为了推动保险业高质量发展，提升保险资金在金融业总资产中的比重以及保险业的发展水平，要不断深化行业的供给侧结构性改革和保险要素市场化配置的改革，提高供给质量，强化科技创新，推动行业优化升级。为此，要推动行业实现质量变革、效率变革和动力变革，不断提高保险业全要素生产率，进一步培育保险市场有序运行的制度基础，具体来说，以下几项重要的基础性工作需要全行业给予格外关注。

第一，正确认识保险业的金融属性，而不是简单、笼统地将之视作金融行业。保险产品和服务的生命力，首先在于能够提供风险保障。从保险业发展，特别是发达市场保险业的演进历史来看，伴随着财富累积和财富综合配置需求的提高，保险业开始探索整合金融服务模式，在高效的承保经营、精细化的成本控制的基础上，加强业务的金融属性，以符合时代的发展方向。从这个意义上讲，保险业的金融属性是"衍生品"；保险业在参与风险管理和资金运用的过程中，势必要与关联行业，例如大健康产业、养老服务产业、汽车行业，乃至更广范围的制造业形成多方位的联系、深度参与行业的生态构建。可以说，保险业天然就具有"跨界"的属性，它有条件做好生态圈的入口平台，成为产业链协调高效发展的"链接者"和"活化酶"。

第二，做好机制建设，激发行业创新活力。保险行业之所以有动力扮演"活性酶""好搭档"的角色，关键在于企业能够从中获得持续的创新回报。保险业出于对自身效用和经济利益的追求，根据其分工定位和供需关系决定的价格变动做出创新性的生产和消费决策，由"看不见的手"引导资源向最有效率的方面配置，其前提就是市场机制在其中扮演决定性的角色。这不仅要求行业的市场化改革持续走向深入，还要求监管者不仅能够"纠错"，也能"容错"。创新活动天然伴随不确定性，绝不能因为在过程中暴露出问题就只管"踩刹车"，要留出试错的空间。风险防范的关键在于辨识这种创新是不是有利于满足消费者多样化的需求、对保险企业的偿付能力有什么样的影响、消费者权益能不能得到切实的保障。从市场实践看，在新产品或新模式出现之初，监管者对于风险和经营模式所掌握的信息较少，对风险的判断更多地依靠直觉和经验，在这一阶段，监管就不能只关注经营结果，而是要将重心向创新资源和业务流程倾斜。

第三，推动完善高质量发展所需的基础设施。高质量发展不只是一句口号，也不只是一系列"新做法""新点子"，实现高质量发展要求行业准确地把握消费者的需求，把握行业发展在宏观、微观层面的趋势，并基于此建立自己的核心竞争力。这既需要业界的积极探索，也需要坚实的理论基础作为支撑。中国的保险业是在转型背景下发展起来的，有自身独特的发展逻辑和发展环境，也面临特有的发展问题。行业在发展中固然可以借鉴国际经验，但更需要中国方案。为达到这个目的，行业迫切需要加强相关重大理论问题和基础理论的研究，为市场化改革、创新发展和监管现代化提供智力支持，以科学的理论体系指导和保障实践。着眼当下，需要特别强调为研究者提供便利与资源，特别是数据资源。在信息化社会和大数据时代，应加快推进信息共享和开放，创新完善公开透明的数据授权机制，这不仅便利行业的大数据应用、有助于促进行业转型升级，也为保险研究提供数据支持，推动理论研究的深入和繁荣。

第二节
明确促进保险资金支持 PPP 项目发展的思路

构建适合当下环境的 PPP 投资模式，需要我们围绕当前的现实情况，尤其是保险资金参与 PPP 项目的困难，寻求解决方案。在此基础上，再从全行业的角度出发，设计出可以持续发展和具有可复制性的保险资金助力 PPP 发展的路径。

一、明确保险资金助力 PPP 项目的参与主体

本书涉及的保险资金助力 PPP 发展模式的参与者包括保险公司、保险资产管理公司、商业银行、信托公司、保险系基金管理公司、省级政府平台、地级市政府平台、地方政府等。其中，基金管理公司由保险公司发起设立，专门从事各地的 PPP 投资。

二、分析各参与主体的角色定位，厘清各自的利益诉求

保险公司：PPP 模式实际的社会资本，PPP 项目的承保方。一方面，保险公司的可投资资金作为 PPP 项目的融资来源，保险公司扮演了 PPP 项目的实际社会资本角色；另一方面，保险公司也可以为 PPP 项目提供专业的保险产品服务，通过向项目公司推广工程建设保险、运营保险、企财险、责任险、意外险等险种的方式介入 PPP 项目。

保险资产管理公司：股权计划的产品设计方和资金募集者，履行向监管部门报告的职责。

商业银行：股权计划、产业基金的托管人，产业基金次优级的资金提供者（表内或表外），PPP 项目流动性支持方。

信托公司：产业基金次优级资金的通道提供方。

基金管理公司：产业基金的管理者，由保险资产管理公司所属保险公司发起设立；负责产业基金对 PPP 项目的筛选、评估、投资及实际运作。

省级政府平台：主要负责认购基金的次级份额；对优先级份额的当期收益补足并到期回购份额。

地级市政府平台：为 PPP 项目公司进行股权注资、参与 PPP 项目实际运作。

地方政府：与 PPP 项目公司签署特许经营协议，监督项目实际运作并承诺到期回购项目。

三、选择合适的参与模式，最大化项目的效益

首先，由于 PPP 模式涉及的项目标的多以基础设施和公共服务项目为主，投资期限长、资金需求大、复杂程度高，为保证一定的投资收益和投资绩效，保险资金应在专业团队的协同配合下，全方位、多角度地积极筛选优质项目，在投前、投中和投后阶段，根据自身情况，选择项目所在地政府及合作伙伴资信状况较好、前期工作成熟度较高、运作模式依法合规的 PPP 项目。其次，应从财务可行性角度重点关注项目的回报机制和预期收益水平，选择具有稳定现金流、可覆盖投资本金和合理收益的项目。再次，应本着审慎原则做好项目的前期尽职调查及投资决策，对项目全生命周期所面临的风险应有全面识别，除借助自身保险专业优势对项目建设、运营过程可能面临的工程、技术、不可抗力等风险进行全面查勘以外，对项目所面临的政策法律等合规风险，要借助专业律师等咨询顾问团队的外部专业力量进行全面管理。

保险资金可采取股权或债权投资计划、私募基金、资产支持计划等多种方式投资于 PPP 项目，在投资之前，保险机构应当充分考虑项目的实际情况和政策法规要求，选择最为合适的投资方式，并在 PPP 项目层面和基金层面的相关合同及协议中，对各方主体的权利义务、交易条件、履约保障和调整衔接等内容进行明确约定，同时，针对保险资金提前设定明确可行、合法合规的投资退出机制，确保其投资安全性。此外，还应当在传统的保证、质押、抵押等担保措施之外，探索其他更为可行和易于实现的增信方式，从而在保障投资安全性的同时，扩大适合保险资金投资的项目范围，更好地发挥险资在 PPP 项目融资中的作用。

四、及时分析反馈项目运行效果，做好风险管理

设计如上的参与主体和交易结构，目的是为了尽可能解决当前保险资金参与 PPP 模式投资的问题，实现 PPP 项目的利益共享和风险共担。同时，在这种交易结构中，各方参与主体均能获取长期稳定的利益，形成长期稳定的合作模式，可复制，可推广。

具体而言，各方主体所获得的利益如下：

（1）保险行业：全行业资金可以有效进入 PPP 模式投资领域，参与地方基础设施建设。这一方面可以解决地方在债务改革之后，推动发展所亟须的资金问题；另一方面又能发挥保险资金服务实体经济的重要作用。

（2）保险公司：主要发起参与的保险公司，可以在投资、股权计划管理、基金管理、PPP 项目承保期获取多重收益。

（3）商业银行：当地商业银行可以在承受一定风险的前提下，通过信托获取产业基金的收益；另外，商业银行还可以为 PPP 项目进行贷款，获取贷款利息收益。

（4）地方政府、省级政府平台、地级市政府平台：通过引入保险资金，在不增加负债的情况下，完成公益类的基础设施项目，造福当地民众；通过投资拉动地方 GDP 的增长，完成"稳增长、促改革"的政治任务。

整体而言，按照上述构想，通过上述路径来实现各方利益，可以在现阶段达到保险资金有效参与 PPP 模式投资的目的。当然，需要强调指出的是，在具体实践操作过程中，该构想设计的交易结构也会因为主体和地域的差异而存在一些变化。同时，也会因为政府的信用与诚意、项目的定价、宏观环境、利率环境等因素出现不同的结果。

与此同时，保险机构在 PPP 项目实施过程中，应当积极参与对项目风险的过程跟踪和动态管控。其中既包括基金参与项目公司治理和项目管理，也包括通过承保 PPP 建设项目的保险服务，定期组织专业力量对项目风险进行全面评估，同时还可以借助项目信息披露机制，加强对项目全过程的风险监管力度，对项目的收益情况、相关方资信状况等进行动态监管，发现问题应及时采取补救措施。

➡ 第三节
坚持促进保险资金支持 PPP 项目发展的基本原则

一、坚持市场化运作，秉持保险资金运用的原则

保险资金收益性和安全性的要求决定其应秉持市场化原则，主要投资

有良好发展预期的优质 PPP 项目，以实现可持续发展。相反，投资收益率偏低、投资安全挑战大的 PPP 项目不适合保险资金投资。在市场化运作的基础上，保险资金以规模大、期限长、稳定性高等优势，支持 PPP 发展。坚持市场化运作，除了以市场的方式支持国家重大战略发展外，还需要积极探索保险资金支持以民营经济为基础的 PPP 项目，促进经济发展方式的转型。

资金运用原则的内涵包括以下三个方面：一是稳健审慎。保险产品往往有最低投资回报的要求，这使得保险资金注重安全性。树立稳健审慎的投资理念，是保险资金安身立命的根基所在。二是要服务主业。当前，保险业正在向"以保障功能为基础，兼顾财富管理"转型，保险资金运用要服务保险主业的发展。值得注意的是，不能将回归保障、"保险姓保"与财富管理对立起来。面对巨大的保险保障缺口，发挥保险的长期保障与风险管理功能非常必要，但"保险姓保"不意味着保险不可以介入财富管理。尽管当前"保险姓保"强调回归保障与风险管理职能既有必要又很迫切，但在发展方向上必须清楚，保险业在有效提高保险资金运作能力的基础上，结合风险保障优势，参与财富管理，特别是为长寿风险提供保障，是"保险姓保"和回归保障的应有之义。为此，保险业要以保障功能为基础，风险管理与财富管理相结合，推动行业的转型升级。同时，为夯实参与财富管理的基础，保险业需要有效提升保险资金运用能力，实现资产负债管理的匹配。三是长期投资、价值投资、多元化投资。保险资金是长期资金、是负债资金，其追求安全、稳定的特性，决定了保险资金运用必须坚持长期投资、价值投资和多元化分散投资。因此，保险资金要做长期资金的提供者、市场价值的发现者、善意的投资者以及多元化、多层次资产配置风险的管理者。

二、适当细分行业，选择重点投资领域

自 2016 年 7 月中国保监会对保险机构间接投资基础设施项目取消了行业限制之后，保险资金可投资的领域实现了全面开放，它标志着未来保险资金可选择的行业范围不断扩大，但与此同时，也对保险机构提出了更高

的要求。相关数据显示，截至 2019 年 9 月 30 日，财政部全国 PPP 入库项目的行业种类近二十个，其中市政工程、交通运输、城镇综合开发、旅游、生态建设和环境保护项目的数量居前五位；从项目金额占比来看，市政工程、交通运输、城镇综合开发、旅游、保障性安居工程处于领先地位，分别占到入库项目总金额的 18.94%、14.72%、8.75%、4.91% 和 3.49%。以上数据说明，尽管 PPP 项目涉及的领域比较广泛，但无论从项目的数量还是从金额上看，其行业集中度都比较高。对保险机构而言，参与 PPP 模式的投资运作，不应过于看重项目本身的行业集中度，而是应当结合本机构在基础设施投资领域的过往经验、团队资质和业务优势、战略布局等方面的具体情况进行考虑，选取若干适合本机构参与的行业作为重点，如养老服务、医疗卫生、安居工程等，以充分发挥保险资金作为长期资金提供者的作用。

三、发挥团队优势，合理选择投资方式

保险资金投资 PPP 模式的方式主要有两种，即间接投资和直接投资。简单地说，间接投资是指保险资金通过认购金融产品（如基础设施投资计划、产业基金）来投资 PPP 项目。以产业基金为例，一种方式是由具有较强建设和运营能力的大型施工单位为主导，与保险机构共同成立产业基金，投资于以该施工单位建设和运营为主的 PPP 项目。这种方式与传统方式相比，虽然交易结构更加复杂，但操作流程和手续相对简便，并且便于保险机构促成项目落地；另一种方式是以中央或地方政府为主导，发起成立产业基金，吸引保险机构参与认购 LP 份额，投资于部级库或省级库的 PPP 项目。由于入选的项目资质较好，这一方式可以节省保险机构的筛选成本，同时政府提供增信机制，可以有效降低投资风险。

直接投资是指保险资金以股权或债权方式直接投资于 PPP 项目公司。该种方式对保险机构自身的要求较高，需要配备具有丰富经验、熟悉项目运作、善于谈判的投资团队。尽管直接投资可以使项目运作的效率有所提升，但也因此承担了更多风险。事实上，对大多数不具备实操经验的保险机构来说，建议初期阶段优选以债权投资或股债结合的方式参与直接投

资。因为 PPP 项目均为大型基础设施建设项目，因施工单位垫资能力有限，资金需求量较大，而债权投资的优势在于，可以获取固定收益，并且可以要求项目公司追加股东担保或差额补足等增信机制，以此保证还款安全，这相当于给 PPP 项目公司提供建设运营的资金。股债结合方式也是一样，是指保险资金同时投资 PPP 项目公司的债权和股权，其优势在于，既能获取固定的回报，又能在未来获取较高的综合收益。但需要注意的是，即便保险资金进行股权投资，现阶段应以财务投资为主，也就是一般不参与具体项目的设计、建设和运营，这样不仅有效控制了风险，后期退出也不会受到限制。

四、综合考虑多种因素，筛选优质项目

就保险资管公司发起设立的基础设施投资计划中所投资的 PPP 项目入选要求的问题，中国保监会《关于保险资金投资政府和社会资本合作项目有关事项的通知》对此进行了硬性规定，如项目须纳入国家发展改革或财政部 PPP 项目库、社会资本方近两年在公开市场上发行过债券且主体评级不低于 AA＋、PPP 项目的财政支出责任已纳入年度财政预算和中期财政规划等，这些细化的要求为保险资金在一定程度上屏蔽了部分信用风险。然而，考虑到保险资金参与 PPP 项目投资方式的多样性，我们还有必要做进一步的具体分析。

在筛选 PPP 项目之前，保险机构首先要对项目的入库情况以及项目的合规性做深入的了解。例如，PPP 项目根据不同的入库情况分为不同的层级，应当优先选择入选财政部和国家发展改革的 PPP 示范项目，然后是入选省级库的项目，层级越高意味着项目审核条件越严格，项目资质也越好。再如，国务院办公厅、财政部、国家发展改革委等部门出台了一系列的指导意见，就参与 PPP 项目投资的社会资本方的资质和业绩做出了明确的规定；各地方政府也发布了一些规范文件，对 PPP 项目的操作程序、采购流程都有相关要求和解释，保险机构应认真关注。

从总体上看，PPP 项目分为经营性项目、准经营性项目和非经营性项目三种类型，分别对应了三种不同的回报机制，即使用者付费、可行性缺

口补助和政府付费。可行性缺口补助和政府付费这两种类型的项目占比较高，数量占比为 58.37%，金额占比为 65.90%。由于准经营性项目和非经营性项目均需要政府提供部分或者全部的资金作为保障措施，因此，对政府来说，综合考虑多方因素，对政府的履约能力进行准确判断就显得格外重要。

考虑的因素主要包括以下几个方面：当地经济发展水平、地方财政实力以及地方财政可承受能力等。一般而言，省会城市、经济实力较强的城市和信用环境较好的城市，可以列入甄选范围；属于国家重点规划区、受惠民众较多的项目也可以侧重考虑。在对地方财政实力进行分析时，不仅要了解一般公共预算收入的变化趋势，还要联系地方政府的债务情况进行综合考察和评判；而对于政府提供补助和付费相应的财政支出要纳入财政预算，并出具同级人大决议。同时，地方财政对 PPP 项目设置的税收法规是在参照现有税种（如企业所得税、增值税）的基础上实施的，目前还没有出台专门针对 PPP 项目的税收制度，其结果是税收优惠的力度不够，对社会资本方的激励不强。从某种程度上来讲，PPP 模式的实质是由社会资本代替政府出资履行公共管理职能，因此，适时修订和补充现行税收法规，对吸引社会资本方参与 PPP 项目的建设和运营大有裨益。鉴于 PPP 项目的投资期较长，未来在修订税法时，应适当调整和延长税收优惠的期限，针对不同的投资回报机制采取不同的税收优惠措施，并为 PPP 项目的涉税方制定相关的税收申报指南，用以指导社会资本在实际涉税操作中的具体工作。

➡ 第四节
防范化解保险资金支持 PPP 项目发展的风险

一、健全风险管控措施，有效防范各类投资风险

由于单个 PPP 项目的差异性较大，无论保险机构还是其他投资主体都难以在短时间内搭建起全面、有效的风险管理体系，保险机构在借鉴同业机构操作经验的同时，要积极听取外部咨询机构的建议，及时总结业务心得。在现阶段，可以着重从以下方面把控风险。

第一，合同条款设计。保险机构作为投资方应针对不同的 PPP 项目分别拟定合同文本，以法律手段对项目的各参与方进行约束，保障自身的投资权益。在合同条款中，应确保保险机构在投资期间的监督权和知情权，确保随时可以了解到项目的建设、运营、财务等基本情况；如为股权投资，还要特别注意在设计合同条款时，可以自由让渡股权退出投资，避免法律障碍。另外，由于 PPP 项目投资期限长达几十年，在此期间必然受到物价、利率、需求等各种经济、社会因素的影响，因此，在合同条款中引入服务价格动态调整机制十分必要，这对项目的收益会产生直接影响，更关系到投资的成功与否。

第二，投资回报机制。PPP 项目投资回报机制的建立涵盖了政府补贴、价格机制、商业价值等方面。举例来说，合理的服务价格和收费标准是最基本的回报方式，一般可采取最高限价或成本加成定价方式，当然，这两种方式都需要较高的专业技能才能完成；同时，对一些在现金流测算时就存在风险敞口的经营性项目，可以尝试与政府进行协商，在运营阶段加大挖掘项目的商业价值，如将广告资源的利用、物业的开发等作为投资收益的有效补充。

第三，投资退出机制。积极探索 PPP 项目多元化的退出机制，对保险机构提升资产流动性、提高资金运用效率意义重大。一方面，依托于各产权、股权交易市场，通过股权转让、资产证券化等方式拓展 PPP 项目的退出通道，提高项目未来收益的变现能力，增加流动性；另一方面，未来在合作期满后，要按照合同约定的标准和内容做好项目验收、移交工作。

总体来看，对 PPP 项目实施风险管理要涵盖项目的整个周期，以时间为坐标，将经济、政治、政策、社会、法律等方面的风险因素纳入同一体系进行统筹分析。随着 PPP 项目的差异性、多样化的特征逐渐显现，针对其形成的风险管理体系也必将不断丰富和深化。

二、全程参与，加强项目监督力度

一是尽量提前介入 PPP 项目的磋商与谈判。如果保险公司与施工单位作为联合竞标的社会资本，就应当全程参与整个项目的磋商与谈判，力争通过多次磋商与谈判将风险控制在可以承受的范围内。保险公司即使仅仅作为财务投资人，也应当尽早介入合同的磋商环节，避免政府与施工单位商定的 PPP 合同条款伤及自己的利益。二是加强事中监管力度。保险公司风险控制部门应完善风险监测体系，加强对风险的监测和预警，对随时可能出现的风险要有较为有效的应对措施。对于 PPP 项目而言，需要及时分析基础资产风险，调整资产认可比例，积极运用信息披露、内部控制、分类监管等手段，全面加强保险资金参与 PPP 项目的事中监管。三是加强事后监管力度。保险资金的偿付能力监管是各国保险监管的核心工具之一，监管机关应当定期评估保险公司的偿付能力现状，对偿付能力出现问题的保险公司及时发布风险提示，保险公司也应当有针对性地采取相应的补救措施。

三、完善相关的法律法规及操作标准

首先，很多 PPP 项目前期的投资额很高，收益不确定性大，保险资金投资方会只有在综合考虑这些条件之后，才能根据其风险大小决定是否参与这些项目。但如果没有相应的法律、法规保障保险资金投资方利益，PPP 模式就难以有效推广。针对这一问题，各地方政府应当尽量完善有关 PPP 的各项法规，确定好政府和私营方的权利和义务，并按照法规来约束自身行为，避免频繁而随意地变化已有政策。其次，PPP 项目还应该有明确具体的操作流程和标准，对招投标要求、服务方案要求等有明确的规定。例如，可由政府主导，在 PPP 项目正式实施之前，把政府和保险公司各自在 PPP 项目中应承担的风险以及要求的回报以 PPP 项目操作标准的形式确定下来。总之，只有通过各项法律法规来充分保障保险资金投资方的利益，才能吸引更多的保险资金投资到 PPP 项目中来。

四、适当调整信用评级方法

依据《基础设施债权投资计划管理暂行规定》，偿债主体必须先进行信用增级后才能对 PPP 项目进行债权投资计划。信用增级依据抵押物的易变现程度和其担保人的实力大小分为 A、B、C 三种方式，其增信等级由 A 到 C 逐渐降低。然而，过于繁杂的信用增级不仅会延长项目落地周期，而且需要偿债主体承担过多的担保费，因而导致保险债权投资计划对保险资金的吸引力大大降低。鉴于这种情况，有关政府部门应当调整信用评价方式，例如，可以依据国内公认的专业性信用评级机构出具的债项评级和主体评级报告来决定是否要求保险公司采取增信机制。同时，有关政府部门应考虑到不同行业的风险差异，对国家现阶段重点支持的项目采用行业评级和项目、偿债主体评级相结合的方式，增加项目审批的灵活性。

➡ 第五节
完善保险资金支持 PPP 项目发展的政策环境

第一，深化保险资金运用的市场化改革。要拓展投资领域，把更多选择空间和选择权交给市场主体，将支持 PPP 发展作为创新资金运用方式的出发点和落脚点。一是要完善基础设施债权计划相关的管理规则；完善融资主体免于增信的条件；适时拓宽投资计划资金用途。二是要适时放开保险资金投资股权的范围，包括适时放开间接投资股权的范围，适时放开直接投资股权的范围，适时将保险股权投资审批制改为备案制。

第二，加大对保险机构参与投资的土地、财税政策等方面的支持。对保险资金投资股权金融产品获得的收益，明确予以免征企业所得税。对于股息收入，《企业所得税法》第二十六条将"股息、红利等权益性投资收益"界定为企业的"免税收入"，免征企业所得税。企业股权投资转让所得则应并入企业的应纳税所得，依法缴纳企业所得税。但由于《企业所得税法》并没有明确资管机构发行的股权投资计划等股权金融产品股息的纳税政策，造成在税收征收的实践层面，保险资金投资保险资产管理机构发行的股权投资计划等股权金融产品，面临双重征税问题，即：被投资企业以股息形式向股权计划支付的收益，来源为其税后利润，已由被投资企业缴纳企业所得税，此为第一次征税；股权计划运用收到的股息向保险资金投资者分配收益，这部分收益被纳入保险公司税前利润，被再次征收企业所得税，此为第二次征税。现行企业所得税法对有关股权投资计划项目相关的税务处理没有做出清晰规定，执行中也出现了各方理解和认识角度不同的情况，造成实务操作困难。因此，建议对保险资金投资股权金融产品获得的收益，明确予以免征企业所得税。

第三，加强投资者权益的保护。保险资金投资的一些重大项目，面临着投资者权益难以保障的局面，要加强相关机制设计，切实保障保险公司合法权益。具体而言：首先，要继续完善信息披露制度，保障保险公司公平获取 PPP 项目的相关信息。保护保险公司合法权益需要 PPP 项目各方的共同努力，合理评估和披露各类市场主体的投资者保护状况，是投资者保护机制的重要组成部分。只有信息得到充分披露，PPP 项目各方行为才能接受公众的监督，保险公司才能主动地维护自身利益。其次，提高执法效能，探索保护保险公司合法权益的新途径。在 PPP 项目开展过程中，要对 PPP 项目进行全面的风险监控、风险预警及风险量化考察，发现项目开展过程中可能危及保险公司利益的重大风险时，相关主管部门（如财政部等）应当及时提出监管、处置建议。再次，增强保险公司自我保护意识，提升自身风险管理能力。一方面，保险公司要加强 PPP 项目方面的专业人才队伍建设，努力提升自身参与 PPP 项目的能力；另一方面，保险公司要建立专门的风险预警机制，运用大数据、区块链等技术及时跟进 PPP 项目进展，当出现损害保险公司利益情况时，及时反馈。

第四，完善国有保险公司项目投资绩效评估机制，明确与民营企业的合作政策。由于体制和机制不完善，国有保险公司投资风险偏好相对保守，难以接受投资损失和风险，与民营企业合作多有顾虑，对中小微企业和新兴产业的投资力度不大。因此，需要进一步完善国有保险公司项目投资绩效评估机制，为其投资以及与民营企业合作创造良好的政策环境。

附录

保险资金参与 PPP 项目的典型案例分析

案例一：太平—上海建工 PPP 项目保险资金股权投资计划①

2016 年 11 月，太平资产管理有限公司（以下简称"太平资产"）发起设立行业内首单投资于 PPP 项目的保险债权投资计划——太平—上海建工都江堰市债权投资计划，投资于都江堰市滨江新区基础设施 PPP 项目，在行业内起到了广泛的示范效应，为多元化社会资金支持中西部地区经济和社会的发展做出了积极贡献。同时，太平资产发起设立的太平—上海建工股权投资计划，总规模40 亿元，投资于浙江安吉经济开发区新型城镇化建设 PPP 项目，该股权投资计划结合了上海建工在建筑施工工程、基础设施建设等方面的经验以及太平资产的资金募集优势，形成了以上海建工为产业方，太平资产作为资金方的项目融资、建设与经营互补互促的"产融结合模式"。

2017 年 9 月 28 日，太平财产保险有限公司（以下简称"太平财险"）和太平资产签订《太平—上海建工股权投资计划受托合同》，认购太平—上海建工股权投资计划受益权份额，认购份额一百万份，折合金额一亿元，属于基础设施股权投资计划。合同约定，该项投资计划的存续期为10年（从第 3 年开始直至投资期届满，劣后级有限合伙人每年都具有提请受让选择权，但第 5 年、第 8 年优先级有限合伙人亦具有提请转让选择权）。该计划按固定费率计提管理费，管理费率为 0.30%，每半年计算一次，在

---

① 资料来源：中国保险资产管理业协会等. 保险资金参与 PPP 实践研究 [M]. 北京：中国金融出版社，2017.

项目存续期间每半年支付投资收益，管理费由计划发起人太平资产按总实缴出资额计算，每半年从投资收益中扣除，无须额外结算。太平资产以投资收益率扣除必要且公允的年服务报酬及费用支出率作为定价政策，双方于 2017 年 9 月将投资收益率定为 5.8%，扣除投资管理费率的 0.3%（包括托管费、监督费、年费用支出），最终确定预期收益率为 5.5%。

该项目是保险资金直接参与 PPP 项目的形式，为 2017 年 PPP 热潮中首单落地的保险资金投资 PPP 项目，其参与方式和回报机制尤为值得借鉴。在参与方式上，通过 PPP 专项基金的形式进行投资，应用结构化的基金结构设计来获得增信，对保险资金的投资安全性做出了有力保障；在回报机制的设定上，应用固定利率和浮动利率相结合的创新模式，增加了投资收益的弹性，为后续保险资金参与 PPP 项目投资提供了模式创新的范例。

案例二：中国人寿资管—青岛 4 号线 PPP 项目[①]

2016 年 10 月 26 日，中国人寿资管中标青岛地铁 4 号线 PPP 项目，成为保险资金自主参与并成功中标的首单轨道交通地铁 PPP 项目，入选全国第三批政府和社会资本合作（PPP）示范项目，是保险资金服务实体经济的标杆性事件。其中，青岛市地铁 4 号线总投资约 181.90 亿元，线路全长 30.7km，是青岛市主城区东西向骨干线，对缓解青岛市城市交通紧张局面，改善居民出行结构，构筑现代化快速交通体系等方面均有重要的意义。

该项目是中国人寿与青岛市政府签署全面战略合作协议后，第一次与青岛市的直投项目合作，提升了保险资金支持国家基础设施 PPP 项目建设的力度，且创新性地在 PPP 模式中引入基金理念。通过保险资金出资优先于政府及施工方出资的结构化安排，保证了保险资金的安全性。

该项目采取 PPP 模式中"使用者付费 + 可行性缺口补助"的回报机制，中国人寿资管中标后，持有"青岛地铁 4 号线基金"优先级 LP 份额，占比 58.33%，基金与青岛市政府、施工方设立项目公司，负责青岛市地铁

---

① 资料来源：殷怡. 中标青岛地铁 4 号线——险资首单轨交 PPP 基金花落国寿［N］. 第一财经，2016 – 10 – 27.

4 号线 PPP 项目的投融资、建设与运营，保险资金投资回报及本金回收的资金来源于青岛市财政提供的可行性缺口补助，青岛市政府将该专项可行性缺口补助纳入青岛市跨年度财政预算，并在长期财政规划中统筹考虑。

在这个案例中，中国人寿资管和青岛市政府及青岛 4 号线地铁施工方成立产业基金，该基金直接对地铁施工进行投资，实现了保险资金直接参与 PPP 项目的目的。通过该模式，保险资金的进入有效缓解了地方政府在项目融资上的压力，而且由于地方政府的进入，也能在很大限度内分散 PPP 项目的风险。

案例三：广东（人保）粤东西北振兴产业投资基金项目股权投资计划①

2015 年 7 月，经中国保监会批准，广东省政府与中国人民保险集团股份有限公司（以下简称"人保集团"）、建设银行广东省分行研究推进并正式设立规模为 121 亿元人民币的粤东西北振兴发展股权基金，其中，人保集团出资 60 亿元，广东粤财投资控股有限公司（以下简称"粤财控股"）代表广东省财政厅分期出资 40 亿元，建设银行广东省分行出资 20 亿元，中银粤财股权投资基金管理（广东）有限公司（以下简称"中银粤财"）作为基金管理人跟投 1 亿元。基金期限为 9 年，到期后可以展期 2 次，每次不超过 1 年，即最长 11 年。该基金为有限合伙制基金，保险资金认购该基金 A 类份额，作为 LP 投资收益参考固定利率定价，每年固定利率高于 5 年期以上贷款利率，每半年或一年进行收益核算和分配；商业银行作为该基金次优先级。

基金首期主要投资于广东省政府批准规划的粤东西北地级市（含肇庆）的新区及中心城区的扩容提质中的土地一级开发及基础设施建设项目，采用直接投资地级市项目公司股权，或通过地级市设立子基金间接投资项目公司股权两种形式，由基金和地市按 51∶49 比例出资共同组建项目平台公司。为平衡粤东西北各地市资金需求，基金在每个地级市的投资额度为 9.3 亿元，各地级市则以土地作价入股，每个地级市项目公司可筹集资本金 18.2 亿元；按资本金与银行贷款 1∶2 的比例测算，每个地级市理论

---

① 资料来源：根据中国人民财产保险股份有限公司官网信息披露文件整理。

上可筹集约 55 亿元发展基金，用于土地及基础设施项目的开发，并以开发好的土地转让收益支付银行贷款利息、基金投资收益及偿还本金。

设立振兴发展股权基金是广东省投融资体制改革的创新实践，将以往财政资金补助贴息转为股权投资，将无偿拨付转为有偿使用。该基金通过市场化运作，利用财政出资撬动保险、银行资金共同设立基金，再以基金投资吸引信贷资金投入，是非常典型的 PPP 运作模式。

该 PPP 项目开创了保险行业内多项"第一"。首先，该基金是第一只由省级政府与保险机构合作设立的城镇化基金，采取了省级和地市两层结构，上层结构设计保证保险资金的风险偏好，下层完全采取市场化的投资策略。其次，该产品结构是保险行业第一次创新尝试通过发起设立股权计划投资基金的优先级 LP 份额，归集资金后再投资多个项目，拓宽了保险资金的投资方式。最后，基金第一次实现与商业银行紧密合作，商业银行资金通过信托方式认购本基金的次优级，对合作方提供流动性支持，并为项目建设提供结构性融资安排。

该项目是保险资金直接投资 PPP 项目的典型案例，为后续保险资金参与 PPP 项目提供了丰富的经验参照。同时，人保集团和地方政府联合的 PPP 模式也为后来保险资金和政府合作提供了范例。

案例四：中再—北京地铁十六号线股权投资计划①

北京地铁 16 号线（以下简称"16 号线"）项目是国务院首批推出的 80 个鼓励社会资本参与建设营运的示范项目之一。2015 年 2 月 8 日，北京市交通委员会代表北京市政府与北京京港地铁有限公司及其三方股东草签了《北京地铁 16 号线项目特许协议》，标志着 16 号线 PPP 项目招商工作已初步完成，最终确定中再资产管理股份有限公司（以下简称"中再资产"）为社会资本方。北京地铁 16 号线项目是北京市人民政府关于印发《引进社会资本推动市政基础设施领域建设试点项目实施方案》通知中确

---

① 资料来源：任宇航，肖靓. PPP 项目案例：北京地铁 16 号复合型 PPP 模式［R］. 中建政研，2016.11.06.

王祎. 保险资金参与 PPP 项目模式研究——以北京地铁 16 号线为例［D］. 北京：北京交通大学，2019.

定的首批试点项目，正是在传统PPP模式的基础上加入保险资金股权融资方式，采用"股权融资＋特许经营"的复合型PPP模式引入社会资本，是复合型PPP模式的创新与实践。16号线项目采用复合型PPP模式引入保险股权投资，搭建了轨道交通建设和保险股权之间的桥梁，既缓解了轨道交通建设的融资压力，也契合了保险资金的投资需求。

16号线是北京市轨道交通线网规划中的中心城区南北向骨干线路，全长约50公里，由北京市基础设施投资有限公司（以下简称"京投公司"）承担项目规划和建设任务。项目在2013年3月开工建设，已于2017年12月底全线建成通车。京投公司将16号线的总投资按一定的原则和比例，分为投资建设（A部分）和运营管理（B部分），A部分包括洞体、车站等土建工程；B部分工程包括车辆、信号等设备资产。项目总投资495亿元，A部分工程投资额为150亿元，约占项目总投资的30%；B部分投资额约为345亿元，约占项目总投资的70%。根据不同社会投资人的利益诉求和风险偏好，京投公司对A、B两部分分别采用差异化的融资结构和回报方式吸引多个社会投资人参与同一个项目，其中A部分采用股权融资形式，B部分采用特许经营模式引入社会投资人，投资人获取与其承担风险相匹配的回报，从而达到共赢的效果。

一、复合型PPP模式

北京地铁4号线、地铁14号线项目均采用传统PPP模式，通过特许经营方式引入社会投资者，社会投资者负责部分项目的投资和一定期限的运营，通过财政补贴的方式收回投资并获得合理收益，在一定程度上缓解了政府当期出资压力，为保障轨道交通建设资金的及时供给发挥了重要作用。但是，传统PPP模式亟待创新，主要原因有：（1）轨道交通投资额高，资金需求规模大，对社会资本的出资能力要求高；（2）轨道交通运营专业性很强，潜在的社会投资者有限。

在强劲的融资需求下，复合型PPP模式应运而生，其是指在传统PPP模式的基础上加入股权融资、EPC工程总承包、土地资源开发、成立专项投资基金等创新元素的PPP模式。

16号线PPP项目正是在传统PPP模式的基础上加入保险资金股权融资方式，采用"股权融资＋特许经营"的复合型PPP模式引入社会资本。城市轨道交通建设投资资金规模大，投资期限长，因有政府主导和支持，收益相对稳定；而保险资金开展股权融资，具有资金量大、长期性和稳定性的优势，以财务投资为主。轨道交通建设和保险股权无论从资金规模、投资期限还是收益需求等方面都高度匹配。16 号线项目采用复合型 PPP 模式引入保险股权投资，搭建了轨道交通建设和保险股权之间的桥梁，既缓解了轨道交通建设的融资压力，也契合了保险资金的投资需求。

二、融资结构

16 号线 PPP 项目从资本层面将 16 号线总投资按一定原则和比例分为 A、B 两部分，A 部分通过股权融资方式引入中再资产约 120 亿元保险股权投资，B 部分通过特许经营方式引入北京京港地铁有限公司（以下简称"京港地铁"）150 亿元，合计吸引社会资本达 270 亿元。

1. 股权融资部分主要内容

A 部分由京投公司与中再资产合资设立项目公司——北京地铁十六号线投资有限责任公司（以下简称"16 号线公司"）负责，投资金额约为 324 亿元，其中，中再资产采取"10 年 +10 年"的投资模式，分为两期，分别投资 70 亿元、50 亿元，占 16 号线项目公司近 80% 的股权，其余资本金由京投公司投入。中再资产发起设立"中再—北京地铁十六号线股权投资计划"，向中国大地财产保险股份有限公司和中国人寿再保险股份有限公司等募集资金。中再资产将其所有的股权全部委托京投公司管理，并不参与北京 16 号线的经营管理。A 部分投资期不超过 20 年，投资期届满由京投公司回购中再资产所持 16 号线公司股权。B 部分由获得特许经营权的地铁运营商京港地铁参与建设、运营、管理，引入初始投资 150 亿元。

从股权结构看，中再资产是 16 号线项目公司绝对大股东，但实质上对于项目公司的经营并不介入，合作期届满后，京投公司进行股权回购，实质上仅为财务投资人，该项投资预计年化收益率约 7%，双方承诺，前十年只付息，不偿还本金。该投资计划受托管理费的年费率为 0.23%，中再资产获得投资收益的同时每年度获得可观的再管理费。

2. 特许经营部分主要内容

京港地铁公司作为中选的社会投资者在建设期内负责 16 号线 B 部分工程的投资建设任务，并在 30 年的特许经营期内负责 16 号线的运营、管理以及全部设施（包括 A 和 B 两部分）的维护和除洞体外的资产更新改造和追加投资，在特许经营期结束后，京港地铁公司将项目设施完好、无偿移交给 16 号线公司或市政府指定部门。京港地铁公司通过特许经营期间的客运票款收入、授权范围内的非票务业务经营收入、政府补贴等 3 种方式实现投资回收并获得合理投资收益。

对于 16 号线公司负责投资建设的 A 部分项目，在其竣工验收后，由京港地铁公司与 16 号线公司签订资产租赁协议，取得其资产使用权。

三、融资模式和机制创新

设计针对性融资模式，吸引不同特性社会投资者。不同社会投资者在利益诉求和风险承担意愿等方面具有不同特性，16 号线复合型 PPP 模式区分了投资者特性并针对性设计出相应融资模式。股权投资人倾向于获取稳定收益，不愿意参与建设、运营环节，不愿意过多承担风险，对投资回报率的要求较低；地铁运营商愿意参与建设、运营，愿意承担建设、运营风险，相应对投资回报率的要求较高。16 号线 PPP 项目采用"股权融资＋特许经营"的复合型 PPP 模式引入社会资本：股权投资人将所持有的 16 号线公司股权全部委托京投公司管理，不参与 16 号线公司的经营管理。从股权结构看，股权投资人虽是 16 号线公司绝对大股东，但实质上仅为财务投资人，不承担建设和运营风险，投资回报率要求较低；而地铁运营商作为特许经营部分的社会投资者愿意参与建设、运营，愿意承担建设、运营风险，相应投资回报率要求高于股权投资人。16 号线复合型 PPP 模式的设计充分遵循了风险和收益相匹配的原则，有利于调动不同社会投资者的积极性，为顺利引入较大规模社会资本提供了基础。

区分风险特征，设置合理、灵活的风险分担机制。合理、灵活的风险分担机制是 PPP 融资模式创新的保障。对于 16 号线复合型 PPP 模式，京投公司在对风险进行识别和梳理，以及对风险特征进行区分的基础上，研究提出以下风险分担原则供行业参考借鉴：（1）风险由对其最有控制力的一方承担，降低风险发生概率和风险控制成本；（2）承担的风险程度与所获得的收益相匹配，有效调动风险承担方的积极性；（3）承担的风险要有上限，避免一方承担过多风险。相应风险处置方法于特许协议中落实。

调整投资控制方法，确保资金足额到位。地铁 4 号线以工程量为基础划分 B 部分投资，社会投资者完成了 B 部分的工程量即认定为完成了 46 亿元的工程投资。社会投资者在投资过程中可能出现节省投资的现象，相应提高收益水平。地铁 16 号线在吸收地铁 4 号线经验的基础上，调整了投资控制的方法，以实际资金投资为基础划分 B 部分投资，由京投公司委托专业公司控制预算的执行，实际资金投资以最终的审计为准，多退少补。市政府授权京投公司组织实施 B 部分竣工审计，对特许经营者 B 部分 150 亿元投资构成进行审计和确认，通过上述机制的安排，确保引入 150 亿元社会资本足额投入到位。

提前谋划 PPP 招商，促进建设和运营有效衔接。16 号线复合型 PPP 模式招商工作开始时间较早，项目开始招商时，工程初步设计和设备招标尚未完成，社会投资者有机会介入前期工作，参与工程初步设计和设备招标工作，有利于建设和运营的有效衔接，有利于建设水平和运营水平的提高。

16 号线项目是国内首次采用"股权融资＋特许经营"投融资模式融资建设的大型城市轨道交通项目，其复合型 PPP 投融资方式给我国基础设施投资建设提供了新的参考样本。

16 号线的融资模式是一次全新的尝试，引入保险公司股权资金和特许经营投资后，京投公司仅仅使用 32 亿元资本金，撬动了各类社会资本 270 亿元，债务融资约 200 亿元，极大地缓解了资金压力。是国内首次采用"股权融资＋特许经营"投融资模式融资建设的大型城市轨道交通项目，在投融资方式方面的探索和实践顺应了国家投融资体制改革的大方向。在国家深化投融资体制改革的大背景下，16 号线项目复合型 PPP 投融资方式将发挥显著的标杆示范作用，推动我国基础设施投资建设不断发展。

案例五：中国人寿资管—宁波五路四桥存量转型 PPP 项目[①]

2016 年 11 月 2 日，宁波市政府发布公告，中国人寿保险（集团）公司旗下中国人寿资产管理有限公司（以下简称"国寿资管"）中标宁波

---

① 资料来源：中国保险资产管理业协会等. 保险资金参与 PPP 实践研究［M］. 北京：中国金融出版社，2017.

"五路四桥"存量转型 PPP 项目。存量转型 PPP 项目是指通过转让—运营—移交（TOT）、改建—运营—移交（ROT）等方式，将存量公共服务项目转型为政府和社会资本合作（PPP）项目，符合落实中央"三去一降一补"的五大结构性改革任务要求，能够有效降低地方政府杠杆率，盘活资金用于更多重点民生项目建设。在财政部、住建部 2015 年 2 月联合下发的《关于市政公用领域开展政府和社会资本合作项目推介工作的通知》中，重点倡导推进符合条件的存量项目按 PPP 模式改造。

"五路四桥"系宁波城市交通组合项目，包括多条城市主干道，属于已建成的存量项目。"五路四桥"存量转型 PPP 项目期限 20 年，国寿资管总投资 117.04 亿元，是国内保险资金自主参与并成功中标的首单政府存量转型 PPP 项目。该项目特点突出：一是信用风险可控，"五路四桥"均为非收费性城市主干道，以宁波市政府购买服务方式明确对项目的财政补贴义务并且全额覆盖社会投资人的本金和收益。二是无建设与施工风险，日常养护工作委托专业市政运营单位实施，社会投资人无须承担运营养护责任及风险。三是资金交付速度快，预计半年内全部投资资金到位。

"五路四桥"项目规模大、期限长、资金交付速度快，有利于国寿资管更好地配置资金。由于国寿资管管理的资金多来源于国寿集团，参与该存量 PPP 项目有利于国寿集团加大资产配置力度、拉长久期。同时，项目较好地实现了另类投资业务上下联动，进一步提升了国寿集团各公司的品牌形象，增强了中国人寿宁波市分公司、中国人寿财产保险股份有限公司宁波市分公司及当地广发银行（国寿集团为其股东）的市场竞争力。

"中国人寿—宁波五路四桥存量 PPP 项目"是行业第一单落地的通过公开招标方式直接参与投资的存量 PPP 项目，存量资产由多条主干道组成，项目规模 116.44 亿元，是宁波市第一例政府 PPP 存量资产转化项目，该项目的实施为宁波市交通类基础设施可持续健康发展起到了较大的推动作用。

案例六：京沪高铁股权投资计划[①]

京沪高铁是我国投资规模最大、技术含量最高的一项铁路工程，是世

---

① 资料来源：根据泰康资产管理有限责任公司官方网站披露信息整理。

界上一次建成、线路最长、标准最高的高速铁路，全长约 1 318 公里，设计时速 350 公里，共设置 21 个客运车站，年输送旅客单方向可达 8 000 余万人次。京沪高铁建设项目原计划工期为 60 个月，2008 年 4 月开工，2011 年 6 月建成通车，实际建设工期仅约为 38 个月。京沪高铁项目投资规模权为庞大，项目总投资额约为 2 200 亿元人民币，其中，项目资本金约为 1 150 亿元，另外 50% 的投资通过债务融资途径筹集。从京沪高铁项目股权资本投入的来源来看，中国铁路建设投资公司注入 647.07 亿元资本金，以 56.267% 的股权控股京沪高速铁路股份有限公司；京沪高铁沿线省市通过项目中所占用的土地折算现金参与投资京沪高铁，投资额为 234 亿元，约占京沪高铁项目资本金的 21.127%；全国社会保障基金对京沪高铁项目的投资额为 100 亿元，约占京沪高铁项目资本金的 8.696%。

京沪高铁保险资金股权投资计划安排如下：由平安人寿、太平洋人寿、泰康人寿、太平人寿、中国再保险公司、中意人寿、中国人民财产保险公司等七家保险机构共募集资金 160 亿元。通过股权投资计划投资京沪高速铁路股份有限公司（以下简称"京沪公司"），目前持有该公司 13.91% 的股权。

京沪高速铁路股权投资计划是保险资金首次采用纯股权方式投资建设的具有国际影响的高速铁路项目，在投融资方式上的探索和实践顺应了国家投融资体制改革的大方向，拓宽了保险资金的投资渠道，促进了保险资金的保值增值，为保险资金以纯股权的方式投资国家基础设施项目树立了典范。

案例七：北京地铁 4 号线 PPP 项目①

北京地铁 4 号线是我国城市轨道交通领域的首个 PPP 项目，该项目由北京市基础设施投资有限公司具体实施。4 号线工程投资建设分为 A、B 两个相对独立的部分：A 部分为洞体、车站等土建工程，投资额约为 107 亿元，约占项目总投资的 70%，由北京市政府国有独资企业京投公司成立

---

① 资料来源：国家发展改革委. 政府和社会资本合作（PPP）典型案例：案例 1 北京地铁 4 号线项目 [J]. 中国工程咨询, 2015（9）: 23－26.

的全资子公司四号线公司负责，且无法产生收益；B 部分为车辆、信号等设备部分，投资额约为 46 亿元，约占项目总投资的 30%，由 PPP 项目公司北京京港地铁有限公司负责。京港地铁由京投公司、香港地铁公司和首创集团按 2∶49∶49 的出资比例组建。

鉴于此，A 部分由政府组建的平台公司来进行投资建设，B 部分则采用 PPP 模式，由社会资本组建的特许经营公司来进行投资运营。这种结构设计大幅缩小了 PPP 项目的投资总规模，降低了社会资本方的参与门槛，同时社会资本方所参与的 B 部分投资与运营密切相关，不仅能产生稳定的现金流，而且投资回报也较为可观。北京地铁 4 号线 PPP 模式如附图 1 所示。

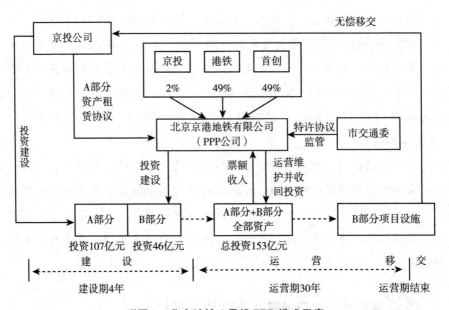

附图 1　北京地铁 4 号线 PPP 模式示意

4 号线项目竣工验收后，京港地铁通过租赁取得四号线公司的 A 部分资产的使用权。京港地铁负责 4 号线的运营管理、全部设施（包括 A 和 B 两部分）的维护和除洞体外的资产更新，以及站内的商业经营，通过地铁票款收入及站内商业经营收入回收投资并获得合理投资收益。30 年特许经营期结束后，京港地铁将 B 部分项目设施完好、无偿地移交给市政府指定部门，将 A 部分项目设施归还给四号线公司。

　　4 号线 PPP 项目实施过程大致可分为两个阶段，第一阶段为由北京市发展改革委主导的实施方案编制和审批阶段；第二阶段为由北京市交通委主导的投资人竞争性谈判比选阶段。经市政府批准，北京市交通委与京港地铁于 2006 年 4 月 12 日，正式签署了《特许经营协议》。4 号线 PPP 项目的参与方较多，项目合同结构如附图 2 所示。

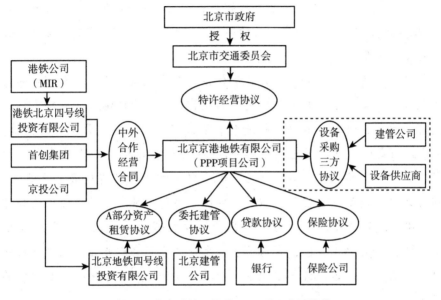

附图 2　北京地铁 4 号线 PPP 项目合同结构

　　特许经营协议是 PPP 项目的核心，为 PPP 项目投资建设和运营管理提供了明确的依据和坚实的法律保障。4 号线项目特许经营协议由主协议、16 个附件协议以及后续的补充协议共同构成，涵盖了投资、建设、试运营、运营、移交各个阶段，形成了一个完整的合同体系。

　　北京地铁 4 号线 PPP 项目的成功，具有以下几个方面的借鉴价值。

　　一是建立有力的政策保障体系。北京地铁 4 号线 PPP 项目的成功实施，得益于政府方的积极协调，为项目推进提供了全方位保障。在整个项目实施过程中，政府由以往的领导者转变成了全程参与者和全力保障者，并为项目配套出台了《关于本市深化城市基础设施投融资体制改革的实施意见》等相关政策。为推动项目有效实施，政府成立了由市政府副秘书长牵头的招商领导小组，发展改革委主导完成了四号线 PPP 项目实施方案，交通委主导谈判，京投公司在这一过程中负责具体操作和研究。

二是构建合理的收益分配及风险分担机制。北京地铁 4 号线 PPP 项目中政府方和社会投资人的顺畅合作，得益于项目具有合理的收益分配机制以及有效的风险分担机制。该项目通过票价机制和客流机制的巧妙设计，在社会投资人的经济利益和政府方的公共利益之间找到了有效平衡点，在为社会投资人带来合理预期收益的同时，提高了北京市轨道交通领域的管理和服务效率。

三是建立完备的 PPP 项目监管体系。北京地铁 4 号线 PPP 项目的持续运转，得益于项目具有相对完备的监管体系。清晰确定政府与市场的边界、详细设计相应监管机制是 PPP 模式下做好政府监管工作的关键。4 号线项目中，政府的监督主要体现在文件、计划、申请的审批，建设、试运营的验收、备案，运营过程和服务质量的监督检查三个方面，既体现了不同阶段的控制，同时也体现了事前、事中、事后的全过程控制。4 号线的监管体系在监管范围上，包括投资、建设、运营的全过程；在监督时序上，包括事前监管、事中监管和事后监管；在监管标准上，结合具体内容，遵守了能量化的尽量量化，不能量化的尽量细化的原则。

案例八：中国人寿—乌鲁木齐市老城区改造 PPP 项目①

一、项目基本情况

作为乌鲁木齐市"一号工程"和一项重大民生工程、城建工程，本项目的实施和融资落地将造福乌鲁木齐老城区数十万群众，对于促进民族团结、维护社会稳定、保障改善民生具有重大意义。与此同时，本项目作为《资管新规》等一系列金融风险严监管政策和 PPP 规范管理政策出台后的第一例保险资金投资 PPP 项目的成功案例，对保险机构参与 PPP 项目投资同样意义重大。中国人寿保险资金参与标的项目的整体交

---

① 资料来源：刘飞，王学杰，朱宁馨等. 不忘初心、坚守底线、勇于探索——保险资金真股权投资 PPP 项目实例简析［R］. PPP 刘言飞语，2019.08.28.

易结构如附图 3 所示：

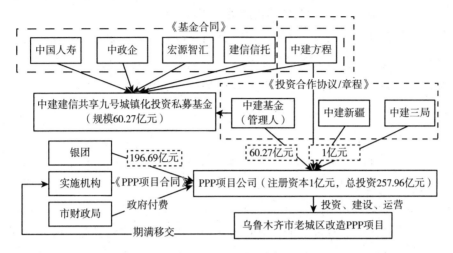

附图 3　乌鲁木齐市老城区改造 PPP 项目（B1 项目包）交易结构

（1）中建方程投资发展有限公司（以下简称"中建方程"）、中建三局集团有限公司（以下简称"中建三局"）、中建新疆建工（集团）有限公司（以下简称"中建新疆"）、中建投资基金管理（北京）有限公司（以下简称"中建基金"）组成的联合体中标了标的项目。中标联合体与实施机构签订了《PPP 项目合同》，并根据《PPP 项目合同》及《公司章程》的约定成立了中建新型城镇化（新疆）投资有限公司（以下简称"项目公司"），项目公司与实施机构签订了《PPP 项目合同的补充协议》，以承继中标联合体在《PPP 项目合同》项下的权利义务。

（2）中国政企合作投资基金股份有限公司（以下简称"中政企"）、建信信托有限责任公司、中建方程共同签订《基金合同》成立中建建信共享九号城镇化投资私募基金（以下简称"九号基金"）。后由中国人寿、宏源汇智投资有限公司认购九号基金份额。中建基金作为其管理人，代表其设立项目公司，并利用九号基金募集资金完成对项目公司的出资。

（3）项目公司与银团签订《贷款合同》获取项目贷款。

（4）项目公司利用资本金及银团贷款资金依据《PPP 项目合同》的约定投资、建设、运营标的项目，乌鲁木齐市财政局根据绩效考核结果向项目公司支付政府付费，项目合作期满后，项目公司将标的项目无偿移交给实施机构。

二、保险机构投资 PPP 项目的关注要点

在本项目中并未设置任何第三方回购保险资金投资本金、承诺固定回报或保障最低收益的机制等"明股实债"安排，而是通过确保合规，并设置风险控制机制和实现投资价值的保障措施来真股权投资原则下类固收的投资目的。

（一）确保合规

首先，确保 PPP 合规性。标的项目于 2017 年 8 月 28 日签约落地，对标的项目的合规性核查主要基于项目实施时的相关政策要求，同时考虑《关于规范政府和社会资本合作（PPP）综合信息平台项目库管理的通知》和《财政部关于推进政府和社会资本合作规范发展的实施意见》所列规范性要点，首先从标的项目所属领域、合作期限、审批主体、实施程序等方面进行了全面核查：

（1）根据乌鲁木齐市棚户区改造工作领导小组出具的《2018 年乌鲁木齐市棚户区改造计划项目表》，标的项目属于保障性安居工程中的棚户区改造项目，属于可以采用 PPP 模式实施的领域。

（2）标的项目合作期限为 25 年，超过 PPP 项目原则上合作期限 10 年以上的要求。

（3）标的项目为新建项目已完成了可研报告的编制工作，并且取得了可研批复。

（4）标的项目的审批主体为乌鲁木齐市人民政府，并授权了相关部门作为实施机构；中标社会资本方中建方程、中建三局、中建基金和中建新疆非本级政府所属融资平台公司。

（5）根据规定编制了标的项目实施方案、物有所值评价和财政承受能力论证报告，并且取得了有权审批机构的审批。

（6）通过资格预审及公开招标程序选择社会资本方。

（7）实施机构与中标社会资本签订 PPP 项目合同，并由中标社会资本组建项目公司。

（8）标的项目已纳入财政部政府和社会资本合作综合信息平台项目管理库。

（9）标的项目中，社会资本方承担项目建设、运营维护责任，并且建立了按效付费的回报机制。

此外，标的项目不存在政府方或政府方出资代表向社会资本回购投资本金、承诺固定回报或保障最低收益的。不存在通过签订阴阳合同，或由政府方或政府方出资代表为项目融资提供各种形式的担保、还款承诺等方式，由政府实际兜底项目投资建设运营风险的情形。

通过上述核查，可以认为截至目前标的项目为规范实施的 PPP 项目。

同时，在《基金合同》中针对 PPP 项目的合规性要求设置了包括中国人寿在内的委托人出资的前提条件，如标的项目应已纳入财政部 PPP 项目综合信息平台项目管理库；标的项目的可研、用地、规划等审核已经通过并持续有效；标的项目的交易文件（如 PPP 项目合同、投资合作协议等）已签署完毕并经各方内外部审批；基金合同各方声明和承诺有效；基金管理人签发《私募基金计划通知书》且各委托人提交各自的《申购申请书》等。标的项目通过设定上述出资前提条件，最大限度地确保保险资金出资前，获得标的项目的合规性证明文件、相关法律文件的签署以及签约方的签约合法授权等。

其次，确保投资模式合规。本交易中保险资金投资的最终目标为 PPP 项目公司资本金。根据 PPP 相关政策《关于规范政府和社会资本合作（PPP）综合信息平台项目库管理的通知》以及《关于规范金融企业对地方政府和国有企业投融资行为有关问题的通知》和《资管新规》等一系列规定，均禁止金融机构通过其他机构的回购、担保，利用"明股实债"的方式将资金投向 PPP 项目资本金。基于此，我们在设计投资模式时必须考虑保险资金以股权投资方式投资项目公司。

一般而言，保险资金股权投资方式可基本区分为直接投资方式和间接投资方式（见附图4）。直接投资股权，是指保险公司以出资人名义投资并持有企业股权的行为；间接投资股权，是指保险公司投资股权投资管理机构发起设立的股权投资基金等相关金融产品的行为。

由于标的项目的中标社会资本为中建基金、中建方程、中建三局和中建新疆组成的联合体，而中国人寿不是中标联合体成员，不具备直接参股项目公司的身份和条件。限于此，保险资金无法通过直接投资方式

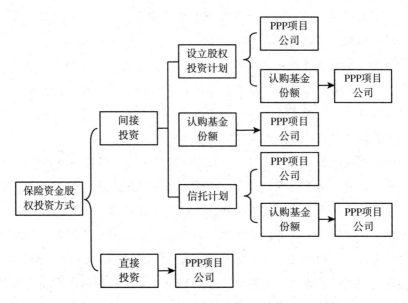

附图4 保险资金股权投资 PPP 项目方式梳理

持有项目公司股权。同时，监管部门对于保险资金通过直接投资方式投资的标的股权的行业类型进行了封闭式列举，仅限于保险类企业、非保险类金融企业、与保险业务相关的养老、医疗、汽车服务类企业、能源企业、资源企业和与保险业务相关的现代农业企业、新型商贸流通企业的股权，且该股权指向的标的企业应当符合国家宏观政策和产业政策，具有稳定的现金流和良好的经济效益。而标的项目的项目公司不属于前述投资范围。

而中标联合体成员中的中建基金实为私募股权基金的管理人，由其代表私募股权基金持有项目公司的股权。因此，保险资金仅能通过（1）直接认购中建基金作为管理人发起的私募股权基金产品，或（2）通过认购信托计划以及股权投资计划投资中建基金作为管理人发起的私募股权基金产品的方式间接投资项目公司。如采用（2）保险资金通过认购信托计划以及股权投资计划投资中建基金作为管理人发起的私募股权基金产品的方式，形式上将嵌套两层产品，优点是保险资管公司可以或作为管理人或作为财务顾问收取管理费或财务顾问费；缺点是结构复杂，不符合现行主流监管趋势，诸如，根据中国银保监会办公厅关于《保险资金投资集合资金信托有关事项的通知》，对于购买的信托计划未直接投向具体基础资产，存在一层嵌套的，应于投资后 15 个工作日内向中国银保监会报告。如采用（1）保险资金直接认购基金产品的方式，结构较为清晰、简单，不存在多层嵌套，且通过该等方式，无须作为计划产品事先注册，事后备案即可。

最终，经过综合考量，特别是基于监管合规要求，保险资金选择通过直接认购中建基金作为发起人的私募股权基金产品方式投资标的项目（见附图 5）。

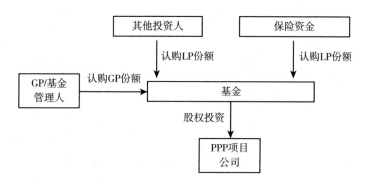

附图5　保险资金认购基金产品投资 PPP 项目方式

（二）项目风险控制

在本项目中，保险资金的投资收益全部来源于 PPP 项目本身的收益，因此只有对影响 PPP 项目本身收益的风险因素的充分识别并有效控制，才能确保保险资金投资收益的稳定。

首先，PPP 项目主要风险的识别。本 PPP 项目为政府付费项目，在本项目中影响政府付费的主要风险因素是项目公司如约完成相应的建设、运营责任的情况，如项目公司按约完成建设、运营责任并且满足绩效考核指标，不存在重大违约事件，则项目公司的政府付费收入相对稳定。因此，在本项目中，实现项目收益稳定主要需要控制的是项目公司如约履行建设运营责任的风险。

其次，风险控制机制。中建方程牵头的联合体系本项目中标社会资本，本着"专业人做专业事的原则"，在《投资合作协议》中设置了联合体各方就建设、运营责任的风险分担机制，以及风险分担机制下的救济机制，通过该等风险控制机制的设置，控制了本项目中影响项目收益的主要风险，可避免保险资金因项目公司未能适当履行建设运营义务时的收益损失。

（三）实现投资价值

在本项目中，保险资金的投资收益全部来源于 PPP 项目本身的收益，为确保保险资金实现投资价值，需对 PPP 项目本身的收益进行合理测算，并设置适当的收益分配机制。

首先，PPP 项目收益测算。根据 PPP 项目文件中对项目回报机制的约定及相关方提供的建设运营成本数据，经测算，项目公司所形成的可分配利润可满足保险资金的投资收益标准和要求。

其次，收益分配机制设置。为保证项目公司各股东通过最大化的利润分配实现预期收益，在保障标的项目银团贷款正常还本付息的前提下，各方在由中建基金、中建方程、中建三局、中建新疆签署的《投资合作协议》中对于项目公司利润分配机制进行了约定。除了设置利润分配保障条款以外，《投资合作协议》中还设置了减资的通道（资本公积转增注册资本后减资），在合法合规的情况下，项目公司股东可通过减资的方式提前收回资本金投入。值得一提的是，在先前的方案中我们曾深入研究了可否采用永续债的投资模式及项目公司购买九号基金份额持有人在九号基金中的基金份额收益权的方式实现资本金投入的提前退出，虽然最终该等方案未能予以实施，但我们仍在《投资合作协议》中保留了对项目公司进行现金流管理可能，以为未来的资本金合法退出方式提供通道。

三、该项目对保险资金投资 PPP 的启示

PPP 项目保险资金投资 PPP 项目受到金融政策和 PPP 政策等各方面相关法律法规政策的管理，且 PPP 项目投资体量大、投资期限长，且通常交易结构复杂、交易主体众多，涉及建设方、政府方、贷款银团等各方利益的平衡。为确保保险资金安全和收益稳定，根据实施本项目的经验，保险资金投资 PPP 项目必须着重注意以下问题：

一是对 PPP 的合规性进行全面审查。众所周知，PPP 项目的规范性实施已经是目前 PPP 政策的首要要求，如 PPP 项目本身存在合规性瑕疵，将直接影响项目收益的安全，因此，项目合规性是保险资金投资的首要条件。参与 PPP 项目投资应对 PPP 项目进行整体、全面的合规性审查，同时，该等审查应具有一定的前瞻性，通过对国家法规政策的导向性分析对项目合规进行整体把握。

二是合理测算 PPP 项目收益、充分识别项目风险。保险资金投资 PPP 项目的收益主要来源于 PPP 项目本身，因此需要根据 PPP 项目文件及相关方提供的建设运营数据，整体判断 PPP 项目本身的收益是否符合保险资金的投资要求，同时还需对 PPP 项目中影响项目收益稳定的主要风险进行充分识别。

三是选择适当的投资模式。根据前文所述，保险资金股权投资分为直接投资和间接投资，间接投资又可分多种投资方式，每一种投资方式都有利弊。而对 PPP 项目而言，因所涉领域广泛（含基础设施和公共服务的各个行业领域），运作方式也多有不同。因此保险资金在股权投资 PPP 项目时，需要根据 PPP 项目的具体情况选择适当的投资模式。

四是非"明股实债"下的类固收保障措施。无论是 PPP 还是金融监管政策均反复明令禁止"明股实债"，然而，在不设置第三方回购保险资金投资本金、承诺固定回报或保障最低收益等"明股实债"安排的同时，必须设置合理的风险分配机制和适当的收益保障措施，同时考虑设置资本金合法退出的渠道，以确保达到类固收投资的效果。

五是核查债权融资的监管要求。对 PPP 项目提供债权融资的金融机构为保障债务资金回收，通常会对项目收益进行监管，并提出一系列的监管要求，保险资金在设置自身的收益保障措施时，需要提前考虑该等债权融资的监管条件，避免两者之间产生冲突造成保障措施失效的情况。并在满足债权融资监管要求的前提下，最大化实现保险资金投资的保障措施。

六是紧密关注各监管部门的监管要求。在 PPP 项目投资交易中，根据交易结构、投资领域的不同，从标的项目立项、PPP 实施，到资金监管等，可能会涉及不同的监管机构，如中国银保监会、基金业协会、财政部、国家发展改革委等。在整个项目实施过程中，需要密切关注这类监管机构的监管要求，通常一些监管和指导要求并非会有成文的规定，但是却会在实施过程中对项目推进造成障碍，需要提前了解和沟通后提出应对措施。

案例总结

通过上面对一些典型案例的分析，可知现阶段保险资金参与 PPP 项目的方式多种多样，比如设立 PPP 基金、信托计划、股权计划、债权计划、股债结合、股权投资＋特许经营等，在 PPP 项目领域实现了融资模式的创新，对 PPP 项目健康发展意义重大。各案例中的 PPP 模式简单对比总结如附表 1 所示：

附表 1　　　　　　　　保险资金参与 PPP 项目案例总结

序号	项目名称	起始时间	项目规模	保险资金参与方式	创新特色
1	太平—上海建工 PPP 项目保险资金股权投资计划	2016/11/11	40 亿元	PPP 基金优先级有限合伙	股债结合，"浮动＋固定"的收益机制，单个项目审批高效
2	中国人寿资管—青岛 4 号线 PPP 项目	2016/08/10	181.9 亿元	通过资产管理公司认购信托计划，与信托公司组成联合体竞标，中标后持有资金优先级有限合伙	首单保险资金参与的基金类轨道交通地铁 PPP 项目
3	广东（人保）粤东西北振兴产业投资基金项目股权投资计划	2017/07/21	60 亿元	分级基金优先级有限合伙	全国第一个由省级平台与金融央企合作设立的股权基金
4	中再—北京地铁十六号线股权投资计划	2015/02/08	120 亿元	复合型股权投资	首次采用"股权投资＋特许经营"的复合型 PPP 模式引入社会资本
5	中国人寿资管—宁波五路四桥存量转型 PPP 项目	2016/08/10	139.14 亿元	与信托公司组成社会投资人联合竞标	首单保险资金参与的政府存量专项 PPP 项目
6	京沪高铁股权投资计划	不详	160 亿元	直接项目公司股权	保险资金首次采用纯股权方式投资建设具有国际影响的高速铁路项目
7	北京地铁 4 号线 PPP 项目	不详	153 亿元	分为 A、B 独立部分，股权＋债权	首单将投资方式切割进行股债结合的模式
8	乌鲁木齐市老城区改造 PPP 项目	2017/08/28	60.27 亿元	设立私募基金	金融风险严监管政策和 PPP 规范管理政策出台后第一例保险资金投资 PPP 项目

　　通过对保险资金参与 PPP 项目的案例分析，可知保险资金参与 PPP 项目已经有了一定的经验积累，有些参与方式甚至是金融市场首创，不但为 PPP 项目提供了必要的资金支持，对我国金融市场的发展和完善也起到了积极作用。另外，保险资金参与 PPP 项目不乏一些关系国计民生的领域，比如轨道交通、城镇化老城区改造等，说明保险在服务实体经济方面，参与 PPP 建设是一条非常好的途径。随着保险资金参与 PPP 项目的持续开展，相信保险业在金融创新和服务实体经济方面将再创辉煌，在实现保险业良好有序发展的同时，促进我国经济社会发展。

参 考 文 献

[1] 陈华，王晓. 中国 PPP 融资模式存在问题及路径优化研究 [J].
宏观经济研究，2018（3）：81-88.

[2] 陈晶. 保险资金参与 PPP 产业投资基金运作研究 [J]. 财经理论
研究，2018（4）：51-56.

[3] 程连于. PPP 项目融资模式的风险分担优化模型 [J]. 价值工程，
2009，28（4）：142-145.

[4] 丁伯康，李娜. 保险资金参与 PPP 项目路径与案例分析 [R]. 江
苏现代咨询，2017.6.26.

[5] 杜亚灵，尹贻林. PPP 项目风险分担研究评述 [J]. 建筑经济，
2011（4）：29-34.

[6] 高会芹，刘运国，亓霞，傅鸿源. 基于 PPP 模式国际实践的 VFM
评价方法研究——以英国、德国、新加坡为例 [J]. 项目管理技术，2011，
9（3）：18-21.

[7] 龚强，张一林，雷丽衡. 政府与社会资本合作（PPP）：不完全
合约视角下的公共品负担理论 [J]. 经济研究，2019，54（4）：133-148.

[8] 郭威，郑子龙. 专有技术转让、融资成本差异与 PPP 最优股权架
构：来自发展中国家的实证研究 [J]. 世界经济研究，2018（12）：96-
114+134.

[9] 国家发展改革委. 政府和社会资本合作（PPP）典型案例：案例
1 北京地铁 4 号线项目 [J]. 中国工程咨询，2015（9）：23-26.

[10] 贾飙. 让保险资金为 PPP 发展创造更良好的投资环境 [N]. 中
国经济导报，2017-09-30（T01）.

[11] 贾康，孙洁. 公私伙伴关系（PPP）的概念、起源、特征与功能
[J]. 财政研究，2009（10）：2-10.

[12] 蒋鑫. 保险资金参与 PPP 项目的路径研究 [J]. 经营管理者, 2018 (9): 84-85.

[13] 柯永建. 中国 PPP 项目风险公平分担 [D]. 北京：清华大学, 2010.

[14] 匡小平，李响，朱贝. 国有资本和社会资本获得参与 PPP 项目机会的实证研究 [J]. 华东经济管理, 2019, 33 (6): 115-121.

[15] 李静毅. 关于保险资金参与 PPP 模式的探讨 [J]. 地方财政研究, 2017 (10): 27-32+41.

[16] 李心愉. 保险资金参与 PPP 项目投资大有可为 [N]. 中国保险报, 2017-03-14 (007).

[17] 梁晴雪，胡昊，谢忻玥. 国内外典型 PPP 项目案例研究及启示 [J]. 建筑经济, 2015, 36 (8): 26-30.

[18] 刘飞，王学杰，朱宁馨，周燕娜. 不忘初心、坚守底线、勇于探索——保险资金真股权投资 PPP 项目实例简析 [R]. PPP 刘言飞语, 2019.08.28.

[19] 刘洪波，刘洁. PPP 项目吸引社会资本参与的动力因素实证分析 [J]. 商业经济研究, 2016 (3): 29-31.

[20] 罗传钰. PPP 合作项目的保险资金模式研究 [J]. 经济体制改革, 2018 (6): 138-143.

[21] 孟春，王景森. 借鉴国际经验完善我国 PPP 机制 [J]. 经济研究参考, 2014 (36): 5-8, 19.

[22] 聂辉华. 中国式 PPP 项目：数据描述与潜在问题 [R]. 国发院政策简报第七十四期, 2019.12.27.

[23] 任宇航，肖靓. PPP 项目案例：北京地铁 16 号复合型 PPP 模式 [R]. 中建政研. 2016.11.06.

[24] 沈梦溪. 国家风险、多边金融机构支持与 PPP 项目融资的资本结构——基于"一带一路"PPP 项目数据的实证分析 [J]. 经济与管理研究, 2016, 37 (11): 3-10.

[25] 孙祁祥. "PPP"助力全面建成小康社会 [J]. 经济科学, 2018 (1): 10-14.

[26] 孙欣华. 英国 PPP 模式发展特点、主要监管措施及对我国的启示 [J]. 经济研究导刊, 2015 (20): 244 - 245.

[27] 王可夏. 我国 PPP 模式选择的影响因素及实证研究 [D]. 山东: 山东大学, 2019.

[28] 王彦. 保险资金参与 PPP 项目的风险及防范措施 [J]. 时代金融, 2018 (12): 237 - 238.

[29] 王祎. 保险资金参与 PPP 项目模式研究——以北京地铁 16 号线为例 [D]. 北京: 北京交通大学, 2019.

[30] 王盈盈, 柯永建, 王守清. 中国 PPP 项目中政治风险的变化和趋势 [J]. 建筑经济, 2008 (12): 58 - 61.

[31] 王宇新, 刘贵. 中国基础设施建设与经济增长关系的实证分析 [J]. 金融教学与研究, 2010 (6): 37 - 40.

[32] 文睿. 社会资本参与 PPP 项目的激励因素实证研究 [D]. 四川: 西南交通大学, 2018.

[33] 夏蕊芳, 薛子卿, 李浩祯, 卢秋博. 我国特色小镇建设实践中 PPP 模式现状特征及优化策略——基于我国第一二批特色小镇的实证分析 [J]. 湖北工程学院学报, 2019, 39 (5): 118 - 126.

[34] 徐继明, 郭晨. 低利率背景下保险基金以 PPP 模式支持地方建设研究 [J]. 北方金融, 2017 (12): 24 - 28.

[35] 徐乐. PPP 项目中政府对私营资本组织信任影响因素的实证研究 [D]. 西安: 西安电子科技大学, 2019.

[36] 闫冰. 保险资金参与基础设施建设 PPP 项目的可行性研究 [J]. 现代商贸工业, 2017 (29): 115 - 116.

[37] 叶颖刚, 陈晓飞. 资产荒背景下"保险 + PPP 项目"的发展路径研究 [J]. 浙江金融, 2017 (5): 53 - 60.

[38] 尹卫. 中国保险资金参与 PPP 模式投资的问题研究 [D]. 北京: 北京大学, 2015.

[39] 于本瑞, 侯景新, 张道政. PPP 模式的国内外实践及启示 [J]. 现代管理科学, 2014 (8): 15 - 17.

[40] 于雯杰. 国外 PPP 产生与发展概述 [J]. 经济研究参考, 2016

（15）：45 – 49.

［41］袁永博，叶公伟，张明媛．基础设施 PPP 模式融资结构优化研究 ［J］．技术经济与管理研究，2011（3）：91 – 95.

［42］曾莉，罗双双．我国 PPP 实践中民营企业参与度及其影响因素研究——基于 731 个县域样本的实证分析 ［J/OL］．软科学：1 – 6，2020 – 02 – 02.

［43］张云宁，高德生，欧阳红祥．PPP 关键成功因素对绩效影响的实证研究 ［J］．武汉理工大学学报（信息与管理工程版），2019，41（1）：70 – 75.

［44］赵威．保险资金参与 PPP 项目投融资的实践与探索 ［N］．中国财经报，2016 – 07 – 12（005）.

［45］郑传斌，丰景春，薛松，鹿倩倩．PPP 关键成功因素对绩效影响的实证研究——以付费类型和关系态度为调节变量 ［J］．软科学，2018，32（4）：124 – 128 + 134.

［46］中国保险资产管理业协会等．保险资金参与 PPP 实践研究 ［M］．北京：中国金融出版社，2017.

［47］中国财政学会公私合作（PPP）研究专业委员会课题组，贾康，孙洁．公私合作伙伴关系（PPP）的概念、起源与功能 ［J］．经济研究参考，2014（13）：4 – 16.

［48］周海珍．保险资金参与 PPP 项目的风险及控制 ［J］．中国保险，2017（2）：19 – 21.

［49］朱晓龙．法国公私合作模式（PPP）及经验启示 ［J］．经济研究参考，2017（47）：80 – 83.

［50］Arezki R.，Bolton P.，Peters S.，et al. From Global Savings Glut to Financing Infrastructure：The Advent of Investment Platforms ［J］. IMF Working Papers，No. 16/18. Washington，DC：International Monetary Fund. 2016，16（18）：1.

［51］Asian Development Bank. Realizing the Potential of Public-Private Partnerships to Advance Asia's Infrastructure Development ［R］. 2019.

［52］Barro R. J. Government Spending in A Simple Model of Endogenous

Growth ［J］. RCER Working Papers, 1988, 98 （5）: 103 - 26.

［53］ Calderón, César A. , Servén, Luis. Infrastructure and Economic Development in Sub-Saharan Africa ［J］. Journal of African Economies, 2010, 19 （1）: 13 - 87.

［54］ Calderón, César A. , Servén, Luis. Infrastructure, Growth and Inequality: An Overview. Policy Research ［J］. World Bank Working Paper No. 7034. 2014. Washington, DC: World Bank.

［55］ Chuan Chen, Qi Wang, Ruiying Fang. An Empirical Analysis of Private Participation in Infrastructure （PPI） Projects in the Renewable Energy Sector of China ［J］. Advanced Materials Research, 2013 （869 - 970）: 488 - 494.

［56］ Cui C. , Liu Y. , Hope A. , et al. Review of studies on the public-private partnerships （PPP） for infrastructure projects ［J］. International Journal of Project Management, 2018.

［57］ Davies, Paul and Kathryn Eustice. Delivering the PPP Promise: A Review of PPP Issues and Activity ［M］. A Price Waterhouse Coopers Report, 2005: 80. Print.

［58］ Engel, Eduardo. Public-Private Partnerships: Economic Theory and Public Policy ［J］. Presentation at the World Bank Development Economics Vice Presidency Lecture Series, Washington, DC, 2016. March 22.

［59］ Futagami K. , Shibata M. A. Endogenous Growth // Dynamic Analysis of an Endogenous Growth Model with Public Capital ［J］. The Scandinavian Journal of Economics, 1993, 95 （4）: 607 - 625.

［60］ Grimsey D. , Lewis M. K. Are Public Private Partnerships value for money? Evaluating alternative approaches and comparing academic and practitioner views ［J］. Accounting Forum, 2005, 29 （4）: 345 - 378.

［61］ Hart O. , J. Moore. A Theory of Debt Based on the Inalienability of Human Capital ［J］. The Quarterly Journal of Economics, 1994, 109 （4）: 841 - 879.

［62］ Inderst G . Pension Fund Investment in Infrastructure: Lessons from

Australia and Canada [J]. Social Science Electronic Publishing, 2014, 7 (1): 40 - 48.

[63] Iossa E. , Martimort D. The Simple Microeconomics of Public-Private Partnerships [J]. Journal of Public Economic Theory, 2015, 17 (1): 4 - 48.

[64] Jun S. G. and F. C. Jen. The Determinants and Implications of Matching Maturities [J]. Review of Pacific Basin Financial Markets and Policies, 2005, 8 (2): 309 - 337.

[65] Khadaroo I. The actual evaluation of school PFI bids for value for money in the UK public sector [J]. Critical Perspective on Accounting, 2008, 19 (8): 1321 - 1345.

[66] Kim, Jay-Hyung, Jungwook Kim, Sunghwan Shin and Seung-yeon Lee. Public-Private Partnership Infrastructure Projects: Case Studies from the Republic of Korea: Volume 1: Institutional Arrangements and Performance [J]. 2011. Manila: ADB.

[67] Lam T. , Gale K. Framework procurement for highways maintenance in the UK: Can it offer value for money for public-sector clients? [J]. Structure and Infrastructure Engineering, 2015, 11 (5): 695 - 706.

[68] Matti Siemiatycki, Naeem Farooqi. Value for Money and Risk in Public-Private Partnerships [J]. Journal of the American Planning Association, 2012, 78 (3), 286 - 299.

[69] Mendoza, Octasiano Miguel V. Infrastructure Development, Income Inequality, and Urban Sustainability in the People's Republic of China [J]. ADBI Working Paper No. 713. 2017. Tokyo: ADBI.

[70] Minsoo Lee, Raymond Gaspar, Emmanuel Alano and Xuehui Han. The Empirical Evidence and Channels for Effective Public-Private Partnerships [J]. Realizing the potential of public-private partnerships to advance ASIA's infrastructure development, 2020, Chapter 2: 15 - 45.

[71] Robert O. , Chan A. P. C. Review of studies on the critical success factors for Public-Private Partnership (PPP) projects from 1990 to 2013 [J]. International Journal of Project Management, 2015 (6): 1335 - 1346.

［72］Siemiatycki M. Urban transportation public-private partnerships: drivers of uneven development? Environ. Plan. A 43, 2011: 1707–1722.

［73］Trujillo L., Martín Morales, Noelia, Estache A., et al. Macroeconomic Effects of Private Sector Participation in Latin America's Infrastructure ［J］. World Bank Policy Research Working Paper Series No. 2906. Washington DC: World Bank, 2002.

图书在版编目（CIP）数据

保险资金支持 PPP 发展路径研究：理论与实证/孙祁祥，完颜瑞云著．—北京：经济科学出版社，2020.12
ISBN 978 - 7 - 5218 - 1801 - 7

Ⅰ．①保…　Ⅱ．①孙…②完…　Ⅲ．①政府投资 - 合作 - 保险资金 - 资金管理 - 研究 - 中国　Ⅳ．①F832.48②F842.4

中国版本图书馆 CIP 数据核字（2020）第 160108 号

责任编辑：齐伟娜　卢玥丞
责任校对：靳玉环
责任印制：李　鹏　范　艳

保险资金支持 PPP 发展路径研究：理论与实证
孙祁祥　完颜瑞云　著
经济科学出版社出版、发行　新华书店经销
社址：北京市海淀区阜成路甲 28 号　邮编：100142
总编部电话：010 - 88191217　发行部电话：010 - 88191540
网址：www.esp.com.cn
电子邮箱：esp@esp.com.cn
天猫网店：经济科学出版社旗舰店
网址：http://jjkxcbs.tmall.com
北京季蜂印刷有限公司印装
710×1000　16 开　9.5 印张　150000 字
2020 年 12 月第 1 版　2020 年 12 月第 1 次印刷
ISBN 978 - 7 - 5218 - 1801 - 7　定价：42.00 元
（图书出现印装问题，本社负责调换。电话：010 - 88191510）
（版权所有　翻印必究　举报电话：010 - 88191586
电子邮箱：dbts@esp.com.cn）